De Bento a Francisco:
Uma revolução na Igreja

Luiz Paulo Horta

*De Bento a Francisco:
Uma revolução na Igreja*

Copyright © 2013, Luiz Paulo Horta

Copyright desta edição © 2013:
Jorge Zahar Editor Ltda.
rua Marquês de S. Vicente 99 – 1º | 22451-041 Rio de Janeiro, RJ
tel (21) 2529-4750 | fax (21) 2529-4787
editora@zahar.com.br | www.zahar.com.br

Todos os direitos reservados.
A reprodução não autorizada desta publicação, no todo
ou em parte, constitui violação de direitos autorais. (Lei 9.610/98)

Grafia atualizada respeitando o novo
Acordo Ortográfico da Língua Portuguesa

Revisão: Mariana Oliveira, Suelen Lopes
Projeto gráfico: Mari Taboada | Capa: Victor Burton
Imagens da capa: © AP Photo/Jorge Saenz; © AP Photo/Gregorio Borgia;
© Christophe Simon/AFP/Getty Images

CIP-Brasil. Catalogação na publicação
Sindicato Nacional dos Editores de Livros, RJ

H811b
Horta, Luiz Paulo
De Bento a Francisco: uma revolução na Igreja/Luiz Paulo Horta.
– 1.ed. – Rio de Janeiro: Zahar, 2013.
il.
ISBN 978-85-378-1147-4

1. Religião. 2. Catolicismo. 3. Igreja Católica. 4. Bento XVI, Papa,
1927-. 5. Francisco, Papa, 1936-. I. Título.

13-05387
CDD: 282.09
CDU: 282

Sumário

Preâmbulo, por Ana Magdalena Horta — 7
Uma palavra inicial, por Ana Cristina Zahar — 9

Um papado que apostou na riqueza da doutrina — 13
Todas as dores do mundo — 18
Um pontífice à procura das origens — 24
Pompa e circunstância na Santa Sé — 29
A figura do pai — 34
Está na hora da pequena Igreja — 38
O papa que veio do fim do mundo — 43
A prolífera produção teológica do velho papa — 49
Dois papas, uma mensagem de paz — 53
O papa peregrino — 57
À procura de um cânone — 62
A hora do Encontro — 67
O que é ser papa? — 72
Uma visita a Aparecida — 77

Um anti-Ratzinger? — 82
Pensamentos franciscanos — 87
O Estado laico — 92
Adeus à Jornada — 97
É no presente que se joga a eternidade — 102

Carta a Luiz Paulo, por Marco Lucchesi — 107
Cronologia de eventos — 110
Sobre o autor — 115
Créditos das imagens — 117

Preâmbulo

Aos seis anos, para ajudar na arrecadação de recursos da nova Matriz da Igreja do Cristo Redentor, em Laranjeiras, o menino carregou seu acordeom para a quermesse e acomodou-se em um palco improvisado. Passou o dia tocando o instrumento quase maior do que ele. Talento precoce da música, conseguiu ganhar alguns "cruzeiros", imediatamente doados à paróquia. Desde então, sempre que voltava à igreja lembrava: "Contribuí com pelo menos um tijolinho nessa construção, e espero que isso seja contabilizado lá em cima..."

Silenciosamente, ao longo da vida, meu pai, Luiz Paulo Horta, continuou a fabricar tijolinhos. Em artigos, críticas musicais, livros, palestras, ciclos bíblicos, impregnados pela personalidade generosa e serena de alguém que estava à procura da fé.

A viagem intelectual passou por filósofos, místicos, religiões do Oriente e do Ocidente. Muito jovem, encontrou na figura do futuro sogro, meu avô José Barretto Filho, um mentor e um estímulo para mergulhar nas grandes dialéticas sobre o sentido do Universo. O gabinete da casa amarela da rua da Matriz, em Botafogo, era um ponto de encontro de pensadores agnósticos e católicos importantes. E ali o menino da paróquia amadureceu, e acumulou mais argamassa para a sua própria catedral.

Em janeiro de 2013, Luiz Paulo realizou mais uma peregrinação à Terra Santa. No alto do monte Tabor, local da Transfiguração de Jesus Cristo, envolto num xale porque estava muito frio, incorporou a figura de um monge franciscano. Talvez não tenha sido coincidência. Tendo como pano de fundo um vitral com lindos pavões coloridos, que o maravilhara, ele falou ao grupo. E chorou. "A beleza é um milagre de Deus."

Este é um livro com artigos de seus últimos seis meses. Foi também o tempo de transformações profundas no mundo católico. Luiz Paulo estava encantado: Bento XVI, o teólogo brilhante que não queria ser papa, teve a coragem de humildemente recolher-se para dar lugar a um apóstolo das multidões. E a Igreja iria mudar.

A Jornada Mundial da Juventude, no Rio de Janeiro, foi o derradeiro esforço de seu coração cansado, mas conseguiu concluir sua tarefa. Publicou o artigo final em 30 de julho e faleceu na manhã de 3 de agosto de 2013, pouco tempo depois de deixar, por escrito e por telefone, orientações sobre esta coletânea – o resultado de uma vida inteira de buscas. Ele intuiu, como disse na última frase, que era no presente que se jogava a eternidade. E assim colocou um último tijolinho na Terra.

Ana Magdalena Horta
São Paulo, 8 de setembro de 2013

Uma palavra inicial

Faz um mês que o papa embarcou de volta para Roma. Mas acabo de ver um papa Francisco esculpido em papelão, envolto na bandeira rubro-negra, no meio da torcida no Maracanã. E pensei: foi essa comunicação direta entre o papa e as pessoas que encantou Luiz Paulo.

Luiz Paulo Horta me telefonou pouco mais de 24 horas antes de morrer. Tinha se dado conta de que em apenas seis meses, um semestre, a Igreja havia mudado radicalmente. A renúncia de um papa (havia quatrocentos anos que isso não acontecia!), o conclave para a eleição do seu sucessor e a viagem do papa Francisco ao Brasil, tudo isso havia acabado de acontecer. Sobretudo, ele estava entusiasmado com os novos ares trazidos por Bergoglio para a Igreja! E seus artigos no *Globo* haviam acompanhado todo o percurso.

Disse que gostaria de fazer um livro ágil, mostrando o quão rápida e profunda estava sendo essa mudança. Queria também que o livro refletisse a importância das mensagens do novo papa ao mundo em sua primeira viagem, destacando a valorização da juventude e do ser humano.

Por isso, pensou também incluir frases e pensamentos do papa Francisco durante a Jornada Mundial da Juventude. Ele ainda escreveria uma bela introdução ao livro, é claro. E precisaríamos de fotos.

Luiz Paulo contou que o projeto tinha até um padrinho entusiasmado, o companheiro da Academia Brasileira de Letras Marco Lucchesi, a quem chamaríamos para escrever algumas palavras.

Combinamos uma edição bonita, nos moldes de sua *Bíblia: um diário de leitura*, publicada recentemente. Precisávamos trabalhar rápido para o livro sair a tempo das festas natalinas, afinal, a data máxima da cristandade...

Tentamos realizar da melhor maneira possível, e com a ajuda de muitos, o que Luiz Paulo tinha idealizado. Infelizmente não houve tempo para que ele escrevesse a introdução planejada. Mas seus artigos são tão reveladores, e formam um conjunto tão nítido, que lemos a história por inteiro e com genuína emoção.

Ana Cristina Zahar
Rio, 28 de agosto de 2013

Os meus colegas de turma estão entrando na casa dos setenta, o que logo me obrigará a seguir com eles. Me vejo, então, pensando nessa coisa misteriosa que é o tempo. Como os filósofos já explicaram, não se trata de entidade unívoca. Pode às vezes enroscar-se como gato em varanda ensolarada, e assim ficar por décadas. De repente dá um salto, e nada mais será como antes.

Luiz Paulo Horta
8 de julho de 2013

12 de fevereiro de 2013

Um papado que apostou na riqueza da doutrina

A renúncia de Bento XVI

O que se poderia chamar de "o legado de Bento XVI"? Uma série de vetores, alguns mais óbvios que os outros. O mais óbvio: continuador de João Paulo II, fechando o ciclo aberto pelo papa polonês. O papado de Wojtyla teve conotações épicas ("o papa que derrubou o comunismo", "o papa do Solidariedade"). Também foi um papado longuíssimo, marcado, no final, pela doença e por uma agonia que comoveu o mundo. Na hora de escolher o sucessor, o senso de responsabilidade era

> O que se poderia chamar de o legado de Bento XVI? Uma série de vetores, o mais óbvio: continuador de João Paulo II.

enorme. Houve alguma hesitação; mas, rapidamente, o nome se impôs: o do cardeal Ratzinger, colaborador mais próximo de João Paulo II. Pesou, também, a estatura intelectual de Ratzinger: nesse ponto, ninguém podia se comparar com ele. E veio a eleição, para alguns, frustrante ("mais do mesmo!").

O que aconteceu depois? O ilustre cardeal/teólogo tornou-se, como ele mesmo definiu, um "burrinho de carga". A longa doença de Wojtyla tinha deixado muitas cordas soltas dentro da Igreja. Como a questão dos padres pedófilos. Ela demorou demais a ser enfrentada, e causou à Igreja um malefício incalculável. Era impossível resolver tudo do dia para a noite – inclusive porque os casos mais graves (coisas acontecidas há muitos anos) foram explodindo já no Pontificado de Bento XVI. Ele trabalhou muito em colaboração com Igrejas nacionais, como a dos Estados Unidos. Se a questão continua em aberto, um padre americano já não é apedrejado na rua como possível pedófilo.

Em outros aspectos, ele parecia começar mal, sugerindo a imagem de um desastrado professor alemão – como na famosa conferência de Ratisbona, em que enfureceu os muçulmanos. Depois, aos poucos, passou a surpreender em outro sentido. Esperava-se um ortodoxo "duro" que aproveitasse o papado para perseguir dissidentes. Não foi o que se viu. Há três anos, visitando Cuba, ele parecia um diplomata refinado, dizendo o que tinha de dizer sem afligir os aflitos. Cada vez mais, ele mostrava a sua ênfase preferida: a de um "catolicismo positivo", que aposta na riqueza da doutrina, e não na estreiteza mental. Como João Paulo II, que era um homem "para cima", ele queria varrer da Igreja as marcas do jansenismo, aquele triste catolicismo francês do século XVII que é a réplica de algumas correntes protestantes – uma crença que começa com a ideia de pecado, e não com a liberdade que vem da descoberta do amor. O amor infinito de que Bento XVI falou na sua bela encíclica *Deus caritas est*.

Mudança de mentalidade

Ele também é o teólogo da razão integral – como explicou em Ratisbona. A razão que não caiu na camisa de força do racionalismo, que não tem vergonha de aceitar a presença da intuição, e das luzes que vêm "de cima". Ficou fácil de perceber que esse papa entrado em anos era provavelmente o maior teólogo que já se sentou na cátedra de São Pedro. Assim se dotava a Igreja católica, num momento crítico da sua história, de uma consistência doutrinária que aparece na obra máxima de Joseph Ratzinger: a trilogia *Jesus de Nazaré*, recém-completada.

Doutrina resolve tudo? Não resolve. Ela é o ponto de partida, a Palavra criadora. O outro lado é o dia a dia, os problemas que atormentam a Igreja, a descristianização da Europa. Na América Latina, o cristianismo ainda é um fenômeno vital; mas o entusiasmo parece estar do lado dos evangélicos, no que seria uma réplica moderna dos tempos de Lutero. Mudar esse quadro não depende só de um papa "moderno" ou superativo: é toda uma mudança de mentalidade que se faz necessária. A Igreja somos todos nós (o que não elimina o mistério do sacerdócio e a mística do papado). O Vaticano II falou muito disso, falou na "colegialidade", na realidade das Igrejas locais. São sementes que precisam ser desenvolvidas para que se assista a um verdadeiro renascimento católico – como aconteceu no século XVI a partir do Concílio de Trento.

"A Igreja não deve tomar nas mãos a batalha política para realizar a sociedade mais justa possível. Não deve tomar o lugar do Estado. Mas também não pode ficar à margem na luta pela justiça."

Papa Bento XVI

"Ao nos lembrar a finitude e fraqueza humanas, a religião nos conclama a não pôr nossa esperança final nesse mundo transitório."

Papa Bento XVI

15 de fevereiro de 2013

Todas as dores do mundo

Você me diz que passou o fim de ano pensando em histórias de Auschwitz, e que isso bloqueia a ideia de Deus. Mais perto e mais recente, você poderia me jogar na cara a tragédia de Santa Maria. Por que continuamos a acreditar em Deus? Não tenho procuração para defendê-lo. Não vou entrar pelos caminhos da teodiceia, a disciplina que Leibniz inventou, que põe lado a lado a existência do mal e a de um Deus todo-poderoso. Voltaire aproveitou o terremoto de Lisboa (1755) para arrasar com a teodiceia (no *Candide*).

> Por que continuamos a acreditar em Deus? Não tenho procuração para defendê-lo. Não vou entrar pelos caminhos da teodiceia.

E no entanto, o judaísmo não acabou por causa de Auschwitz. Acabei de voltar do Muro das Lamentações, e lá estão os judeus ortodoxos, balançando ritmicamente diante do Muro, com seus trajes austeros e belos.

Continuo a achar que a máquina do mundo é de uma beleza inacreditável. É só você prestar um mínimo de atenção. Não vou, claro, negar o darwinismo. Processos evolutivos existem, corroborados pela ciência. Mas não consigo acreditar que um beija-flor seja consequência somente da evolução.

> Continuo a achar que a máquina do mundo é de uma beleza inacreditável. Não consigo acreditar que um beija-flor seja consequência somente da evolução.

A máquina do mundo pode desarranjar, eventualmente. Como coisa criada, ela não pode ser perfeita. Queremos um mundo perfeito? Nesse caso, seria preciso acabar com o livre-arbítrio – essa glória do ser humano, que lhe permite ser um Hitler ou madre Teresa de Calcutá.

A maldade pura aparece num Hitler. Já em Santa Maria aconteceu uma mistura inacreditável de incompetência e ganância. Mas, se não houvesse o livre-arbítrio, seríamos menores do que somos. Aos anjos também se concedeu essa glória. E não obstante, com o maior deles aconteceu – você sabe o quê.

O mundo de vez em quando parece encharcado de maldade. Mas a força do bem é maior do que isso. O amor de uma

> O amor de uma pobre mulher pelo seu filho resgata uma montanha de ruindades. Some essa carga de amor pelos séculos afora, e você terá imagens como a da Pietà.

pobre mulher pelo seu filho resgata uma montanha de ruindades. Some essa carga de amor pelos séculos afora, e você terá imagens como a da Pietà – ou a da mãe que escreveu a carta que eu passo a transcrever. Não é ficção, eu sei de quem se trata.

Enquanto existir um amor assim, eu me recuso a acreditar que o mundo seja uma arbitrária conjunção de átomos. Ou o fruto da "seleção natural". A menos que você queira transformar a evolução numa religião. Segue a carta.

"Amanhã será o aniversário de uma de minhas princesas – minha pequena grande caçula fará dez anos. Uma década de preocupações, esforços, angústias, indecisões e medo. Uma década de aprendizado, superação, fé, amor, alegrias. Durante todo esse tempo, eu sofri com ela, dormi em pé, parei minha vida, deixei de ir a muitos lugares, passei a prestar mais atenção em coisas minúsculas, chorei sozinha baixinho ou compulsivamente, orei, pedi, implorei, tirei forças sei lá de onde... Não bastasse vir fora e antes da hora, ainda veio com paralisia cerebral diferente e espectro autístico fora de padrão (existe um??)... e quando começou a se libertar da limitação, foi de uma vez só que a energia apareceu! Sobe escada, desce, corre, vai pra piscina, faz pirraça, não liga pra TV, ama a escola, sai do banho sozinha, não come, só come... ufa, quanta coisa! Mal vi essa criaturinha engatinhar. Passei anos rezando para que andasse e me emocionei vendo pequeninos passos trôpegos aos três anos de idade. Mal ouço sua voz, voz mesmo, que não sejam barulhos ou gritinhos. Ponho fralda até hoje, dou comida, banho, ponho roupa, explico... danço junto, corro atrás, encho a paciência dela e ela a minha... É um tal de viver um dia por vez, sem saber o que vem depois e sem criar muitas expectativas. Mas eu aprendi, aprendi que não tem jogo perdido, a não ser que deixemos de lutar. Aprendi a não questionar o porquê, mas entender o para quê. Aprendi que não adianta perguntar a Deus por que ele me escolheu, afinal não sou diferente de ninguém para não ser escolhida... Entendi que na vida se quer muito e se ganha pouco, mas que se pode valorizar cada detalhe. E aprendi muito mais: a ter paciência, a ser firme mesmo não querendo, que tenho mais força do que penso, mas que sou frágil como cristal, que a vida é um sopro, que chorar não é vergonha nenhuma, menos ainda se sentir impotente ou cansada ou sem vontade de nada. Aprendi a ser sozinha, e que nem todos vão entender, que muitos vão criticar, mas poucos vão se pôr no meu lugar exato.

Sobretudo, aprendi que amor não se escolhe, se sente. Que podemos amar a imperfeição, que amamos a despeito da dor. Aprendi o quão difícil pode ser um dia e o quanto uma simples conversa faz diferença. Aprendi que posso sorrir, mesmo não sendo feliz por inteiro. Mas entendi, acima de tudo, que minha filha talvez saiba mais do que eu, que ela pode me mostrar muito, e, ainda assim, eu vou ter que lutar por ela. Hoje ela não pode ler e entender o que está aqui. Talvez nunca possa. Mas não me importa, porque a melhor parte de mim ela tem: meu amor imenso, incondicional e igualzinho ao da irmã. Nós três somos, seremos e jamais deixaremos de ser nossa família, unida pelo amor. Parabéns, minha linda. Que Deus te conceda a graça de mais uma chance."

A fé não é luz que dissipa todas as nossas trevas,
mas lâmpada que guia os nossos passos na noite,
e isto basta para o caminho.

Encíclica Lumen fidei

Gostaria de chamar a atenção para três simples
posturas: conservar a esperança; deixar-se
surpreender por Deus; viver na alegria.

Papa Francisco

28 de fevereiro de 2013

Um pontífice à procura das origens

Ele não queria ser bispo. Não queria ser papa. Caiu-lhe no colo uma das piores crises da história da Igreja. Grande intelectual, ele não se trancou numa torre de marfim. Fez o que podia, muito ajudado pelas Igrejas nacionais, como a dos Estados Unidos. A história do cardeal Mahony mostra que ainda não é o suficiente. Joga uma sombra sobre o conclave.

A Bento XVI restou decretar um tempo de purificação. Uma Igreja sob o signo da Quaresma. E isso vai durar muito tempo. Mas ele não ficou parado. Lançou as sementes para um novo tempo. Sai desprestigiado. Mais tarde, será visto com outros olhos.

> A Bento XVI restou decretar um tempo de purificação.
> Uma Igreja sob o signo da Quaresma.

O que ele quis fazer? No próprio bojo da crise, ir em busca do que é o "especificamente católico". Que fica às vezes esquecido no dia a dia, quando a vida é confortável. Há uma força purgativa no sofrimento.

Qual foi o fio condutor da teologia do papa Ratzinger? Dialogar com a Idade Moderna – que também vive uma imensa crise – e, ao mesmo tempo, remontar às origens. Recuperar o senso de aventura do cristianismo primitivo. Explicar que a mensagem cristã tem de ser um sim, e não um não.

> Qual foi o fio condutor da teologia do papa Ratzinger? Dialogar com a Idade Moderna e remontar às origens. Recuperar o senso de aventura do cristianismo primitivo.

E assim ele inverteu o estereótipo. Ele ia ser o papa-rottweiler, o caçador de dissidentes. Não foi o que se viu. Ele não deixa de ser um conservador. Mas seu propósito central foi recuperar as bases da ortodoxia. Varrer o pó de séculos de controvérsias e de legalismo para descobrir as coisas que são capazes de dar sentido a uma vida.

A Europa, sobretudo, não sabe mais o que é o catolicismo. Segundo os clichês, seria um rígido sistema de regras e restrições, destinado a segurar uma instituição que desmorona.

Ratzinger contava outra história. Que ficou encoberta debaixo de uma nuvem de escândalos, ou de gafes, de alguém que é basicamente um professor, um *scholar*.

Mais algum tempo, e ele será visto de outra maneira. A quem ele estava se dirigindo? Ao profundo desejo do ser humano por algo de infinito, algo que vá além dele mesmo. É a intuição que dorme dentro de nós, que não precisa afrontar a ciência, mas que vai além da ciência.

Há aquela imagem da Bíblia, realista ou mitológica: a do jardim do paraíso, onde homem e mulher andavam sob a sombra de Deus. Esse estado paradisíaco vai sendo rompido, ao longo do tempo, pelo que existe em nós de desordenado, de excessivo, de violento. Mas ele pode tornar-se realidade, por exemplo, nas pessoas espiritualmente realizadas, pessoas em quem a gente encontra, nas palavras de são Paulo, "a paz que ultrapassa todo entendimento".

Esta é a mensagem do Evangelho, e foi o que Bento XVI desfiou nas belíssimas homilias das quartas-feiras, no Vaticano. É a aventura cristã, um senso de romance como não existe outro. Chesterton tinha essa intuição — de uma realidade que é, ela mesma, um milagre, a que você pode ter acesso se não se deixar dominar totalmente pelas exigências do dia,

> Esta é a mensagem do Evangelho, que Bento XVI desfiou nas belíssimas homilias. É a aventura cristã, um senso de romance como não existe outro.

por exigências descabidas em termos de conforto, de prazer, de poder e de riqueza.

E nesse contexto aparece o mistério da Igreja, que não é para ser uma superestrutura, uma superarquitetura, e sim o espaço onde se vive a experiência cristã, a experiência do outro, a comunhão dos santos. Igreja que não é do papa, do bispo, do padre, e sim de todo o povo de Deus. Espaço para a vida sacramental, para o sacrifício da missa, que reencena um antigo mistério.

Tudo isso Bento XVI contou em seus livros, e no maior deles – a trilogia dedicada a Jesus de Nazaré. As chances são de que teremos agora um papa mais pastor do que intelectual, mais hábil nas questões do dia a dia. Mas o papa que sai, na sua postura não muito carismática, deixa uma herança que ajudará a Igreja nos tempos duríssimos em que ela está mergulhada.

> O papa que sai, na sua postura não muito carismática, deixa uma herança que ajudará a Igreja nos tempos duríssimos em que ela está mergulhada.

" A convicção de uma fé que faz grande e plena a vida, centrada em Cristo e na força da sua graça, animava a missão dos primeiros cristãos. "

Encíclica Lumen fidei

" A fé desvenda-nos o caminho e acompanha os nossos passos na história. Por isso, se quisermos compreender o que é a fé, temos de explanar o seu percurso, o caminho dos homens crentes, com os primeiros testemunhos já no Antigo Testamento. "

Encíclica Lumen fidei

3 de março de 2013

Pompa e circunstância na Santa Sé

O conclave cardinalício que daqui a poucos dias estará escolhendo o novo chefe da Igreja católica é certamente a cerimônia mais solene da cultura ocidental — mesmo se o catolicismo já não ocupa, hoje, um lugar central nessa cultura. Contribui para essa solenidade o ambiente onde ela transcorre — a Capela Sistina, em cujo teto Michelangelo pintou a criação do homem.

> O conclave é certamente a cerimônia mais solene da cultura ocidental, mesmo se o catolicismo já não ocupa um lugar central.

Um católico devoto dirá que isso está muito bem, já que se trata de escolher o líder da cristandade. Para outros, vale o questionamento: a Igreja católica não tornou explícita, modernamente, a sua "opção preferencial pelos pobres"? O que dirá um pobre se cair de repente nas vastas galerias do Vaticano, entre quadros renascentistas e outras obras de arte?

No Concílio Vaticano II, um grupo de prelados de que fazia parte o nosso dom Hélder Câmara pregou a necessidade de uma "Igreja das catacumbas", que se despisse de todas as grandezas terrenas. Na mesma linha, já houve quem defendesse a venda dos bens da Igreja para melhor atender aos pobres. Morris West, num romance profético, faz um papa eslavo (o primeiro da história) tomar exatamente essa decisão, para pasmo do colégio dos cardeais.

Essas duas linhas da Igreja tiveram um encontro espetacular no auge da Idade Média, quando Francisco de Assis procurou o papa Inocêncio III (o mais poderoso de todos os papas) para pedir que ele autorizasse a regra de vida dos "franciscanos", apoiada sobre a ideia da pobreza total. O papa deu sua autorização, e depois contou que, em sonhos, tinha visto um mendigo – talvez o próprio são Francisco – salvar a Igreja do desmoronamento.

> Francisco de Assis pediu ao poderoso papa Inocêncio III que autorizasse a ideia da pobreza total dos "franciscanos".

Evangélica ou não, a pompa do Vaticano mergulha em camadas de simbolismo que são comuns a todas as culturas. Hoje é mais difícil entender isso, porque o sagrado já não é um fator dominante na nossa cultura secularizada. Mas os vestígios estão por todo lado. Na China de Mao, nem a Revolução Cultural teve coragem de destruir o Templo do Céu, com sua deslumbrante porcelana azul, que só era aberto uma vez por ano para que o imperador executasse os ritos propiciatórios da colheita. No mundo muçulmano, mesquitas como a de Istambul, em pleno funcionamento, mostram que, para o muçulmano devoto, nada é suficientemente belo ou grandioso para celebrar a existência do Deus único.

> A pompa do Vaticano mergulha em camadas de simbolismo que são comuns a todas as culturas.

O simbolismo vai dessas alturas às minúcias da vida cotidiana. Desde tempos imemoriais, a roupa está ligada ao lugar que uma pessoa ocupa na sociedade, e sinaliza a atividade de cada um. Isso às vezes tinha um significado cruel, como as insígnias que os judeus eram obrigados a usar para marcar a sua condição inferior.

No outro lado da balança, a roupa sempre foi um modo de assinalar uma pessoa importante ou uma situação especial. Uma menina que faz quinze anos hoje é saudada às vezes com festas e roupas que rivalizam com as de um casamento. Num plano bem diferente, guerreiros de todas as épocas descobriram maneiras de se fazerem imponentes, ou até assustadores – bastando lembrar os luxos e requintes das armaduras medievais.

Os nossos índios brasileiros exibiram uma arte plumária que ficava pouco a dever ao que se fazia na América do Norte; e isso tinha uma conotação mais que puramente bélica: era (ou é) um modo de prestar homenagem à própria condição humana – a esse curioso tipo de animal que nasce pelado, desprotegido, mas ergue-se acima de todas as espécies.

Quando se chega ao território do sagrado, a riqueza de simbolismos é estonteante. No judaísmo tradicional, a Bíblia descreve em minúcias como devem ser elaborados os elementos do culto, como a Arca da Aliança, o candelabro, a mesa dos perfumes, o tabernáculo. Absolutamente nada é deixado ao acaso.

No culto católico, o ritual foi sendo simplificado. O papa já não usa a tiara que era feita de três coroas superpostas. Não anda mais na cadeirinha que o elevava acima da multidão. Suas roupas contêm alguns elementos simbólicos – como a estola que lembra os sofrimentos de Cristo. Mas os dois símbolos mais fortes são a cruz e o cálice, o instrumento de suplício e a superação de todas as dores no símbolo da paz, do congraçamento.

> No território do sagrado, a riqueza de simbolismos é estonteante.

São esses símbolos que estarão diante dos cardeais quando, daqui a poucos dias, eles entrarem na Capela Sistina cantando o *Veni Creator* – vinde, espírito criador.

> Quando falta a luz, tudo se torna confuso: é impossível distinguir o bem do mal, diferenciar a estrada que conduz à meta daquela que nos faz girar repetidamente em círculo, sem direção.
>
> *Encíclica Lumen fidei*

> Abraçar, abraçar. Precisamos todos de aprender a abraçar quem passa necessidade, como fez são Francisco.
>
> *Papa Francisco*

8 de março de 2013

A figura do pai

Quatro páginas diárias nos jornais, desde que a renúncia do papa foi anunciada há cerca de três semanas – é difícil achar exemplo equivalente de cobertura jornalística. Qual o motivo? Certamente não é o carisma (inexistente) de Bento XVI. Muitas reportagens também se esmeram em explicar que a Igreja perde prestígio, perde fiéis, que surgem escândalos dia sim dia não. E, no entanto, vejo pessoas que não são católicas intensamente mobilizadas pelo tema "quem vai ser o próximo papa?".

> Desprestigiada a Igreja pode estar; mas ela ainda fornece a mitologia básica da nossa cultura.

Não haverá uma razão única para isso. Desprestigiada a Igreja pode estar; mas ela ainda fornece a mitologia básica da nossa cultura. Experimente pensar num ano do qual fossem retirados o Natal, a Páscoa, a Semana Santa. Estranhíssimo, não? Nesse contexto, o papa desenha uma figura de pai – que é o que o seu nome indica. Em termos de Ocidente, ele ainda é referência. Não por acaso, ele ainda tem uma palavra a dizer nas grandes crises, nas grandes comoções da humanidade. O contraste não poderia ser maior com outras figuras da atualidade – como as que, na Itália onde fica o Vaticano, pretendem chegar ao palácio Quirinale.

> O papa desenha uma figura de pai — que é o que o seu nome indica. Em termos de Ocidente, ele ainda é referência.

A figura do pai – tema imenso na literatura psicanalítica, ou na literatura *tout court*. Édipo matou o pai. Seria um exemplo do "assassinato ritual" com que você, simbolicamente, tem acesso à plena maturidade. Os nietzschianos parecem ir além: a partir da "morte de Deus", postulam um ser humano que seria o criador de si mesmo. Este é o exercício vital de personagens grandiosas como um Goethe.

O ser comum age e pensa de outra maneira. Exemplo prosaico é o da Venezuela, onde há multidões órfãs do coronel Chávez. Isso pode ter causas econômicas ou sociais; mas certamente é mais do que isso.

O mesmo acontece no Brasil. A partir de dados econômicos que são reais – como a expansão da classe média e a diminuição da miséria –, surge um clima onde o ex-presidente Lula se transforma numa espécie de pai da pátria.

Na política, isso é perigoso: conduz fatalmente ao personalismo. É fácil ver, hoje, que Lula tem dificuldade em lidar com a própria imagem. Sente-se mal fora do poder. Desenvolve um tipo de amargura estranha numa pessoa com os seus níveis estratosféricos de popularidade.

No caso do Vaticano, é um pouco diferente. Há exemplos de papas que desenvolveram personalidades imperiais. Mas não é a regra. O prestígio de que eles dispõem, mesmo nas fases mais críticas da Igreja, vem de uma coisa que se chama "autoridade espiritual".

O mundo moderno tem feito um grande esforço para viver sem isso. É até bem típica da nossa época secularizada a figura do ateu tranquilo que é uma pessoa perfeitamente ética e pode ter um comportamento mais cristão que o de muitos cristãos.

> A autoridade espiritual existe. Na velha Grécia, quem chegou perto de Sócrates sentiu a sua mordida salutar. O doce licor da sabedoria.

Mas a autoridade espiritual existe. Pode vir, por exemplo, de um professor – um mestre – que abriu novos caminhos na sua vida. Na velha Grécia, quem chegou perto de Sócrates sentiu a sua mordida salutar. O doce licor da sabedoria.

"O futuro exige hoje o trabalho de reabilitar a política; reabilitar a política, que é uma das formas mais altas da caridade. O futuro exige também uma visão humanista da economia e uma política que realize cada vez mais e melhor a participação das pessoas, evitando elitismos e erradicando a pobreza."

Papa Francisco

"Peço aos idosos: não esmoreçam na missão de ser a reserva cultural do nosso povo; reserva que transmite a justiça, que transmite a história, que transmite os valores, que transmite a memória do povo."

Papa Francisco

10 de março de 2013

Está na hora da pequena Igreja

E se for eleito um papa brasileiro? Teremos uma semana de festas no Brasil. Resolve o problema da Igreja? Não resolve. Uma andorinha não faz verão. O papa faz parte do mistério da Igreja. É um indispensável ponto de referência. Pode ser uma fonte de inspiração – como foi João XXIII. Mas não é o Batman. Ele é um só, e o mundo é muito grande.

E se for eleito um papa enérgico, que dê uma prensa na Cúria Romana? Melhora, mas não resolve. A Cúria pode embaralhar muita coisa, mas é um pequeno aspecto da vida da Igreja. O Vaticano, como qualquer organização muito grande, depende de uma burocracia. Mas isso não é a vida da Igreja.

E se vier um papa inovador, que enfrente os pontos de atrito

> O papa faz parte do mistério da Igreja. Pode ser uma fonte de inspiração, mas não é o Batman.

entre Igreja e sociedade moderna? Nesse terreno, existem e existirão avanços, mas o tempo da Igreja não é o tempo da sociedade civil. O celibato sacerdotal não vai acabar; mas é possível, em algum momento, criar a possibilidade de serem ordenados padres casados, pessoas maduras e respeitadas. O casamento gay pode ser aceito no plano civil. No plano religioso, parece uma quimera. Os anticoncepcionais já estão liberados em algumas circunstâncias. Comunhão para pessoas no segundo ou no terceiro casamento, também. Aborto nem pensar.

Bento XVI foi um papa com pouco domínio da burocracia eclesiástica. Daí escândalos como o do Banco do Vaticano, que já vêm de longe. Algumas mexidas administrativas podem corrigir esses rumos. Mas isso não é a vida da Igreja.

Os destinos da Igreja passam por outros caminhos. É um momento de crise muito funda, e a chaga mais funda é a questão da pedofilia. São casos que às vezes vêm de longe, de um período de afrouxamento dos padrões morais – os anos 1960-1980. Quando a crise estourou, já no período do papa Ratzinger, viu-se como eram antiquados os mecanismos de controle. A resposta veio frouxa, e devagar.

Por baixo das crises, mesmo as mais fundas, há a Igreja do dia a dia, a "pequena Igreja" que Bento/Ratzinger enxergou com tanta nitidez no livro-entrevista *O sal da terra*. Essa pequena Igreja tem um rosto tão diversificado quanto

> Por baixo das crises, mesmo as mais fundas, há a Igreja do dia a dia, a "pequena Igreja".

o da própria humanidade. Ela pode estar minguando na Europa (era a grande tristeza de Ratzinger), mas cresce na África, pode crescer na Ásia e é forte na América Latina.

Cada um desses cenários pede um tratamento especial; e é assim que se podem apontar algumas linhas para a Igreja pós-Bento. No espírito do Vaticano II, ela tenderá a ser menos centralizada, afastando-se do modelo Ratzinger/Wojtyla. Também será importante a "colegialidade" de que fala o Vaticano II – maior presença dos bispos ao redor do papa (sem que ele perca, por isso, a sua autoridade). Não há outro caminho, se o mundo é grande e variado.

Mas ainda abaixo disso, existe a "Igreja de todos os dias", a Igreja cuja cara você conhece, cujas reuniões você frequenta. Falar em Povo de Deus talvez seja muito retumbante. Melhor pensar nas pessoas que estão próximas de você – o "próximo" de que o Evangelho fala com tanto carinho. É gente do seu bairro, da sua paróquia, do seu círculo de conhecimentos. É gente de carne e osso, não uma teoria. Nesse ponto, os evangélicos estão andando mais depressa (bem mais depressa) com as pequenas igrejas que aparecem em cada esquina, e que são projetos de comunidade.

A Igreja de Roma começou com uma pequena comunidade, em que todos se conheciam. Depois é que ela se alastrou pelo mundo. E nas crises muito fundas, a resposta veio dessa Igreja de carne e osso (sem que isso significasse ruptura com o papado). Quando a Igreja, na Idade Média, oscilava ao peso do poder e da riqueza, a resposta veio de baixo, dos poverellos de são Francisco de Assis. Já na Renascença, quando a corrupção corria solta nos pátios eclesiásticos, e Lutero soltou o seu brado de desafio, a resposta veio, é verdade, com o Concílio de Trento. Mas isso não era só uma "armação" dos diversos papas envolvidos: era uma comoção de todo o povo cristão, que de repente pôs-se em brios. E assim é que apareceram um Inácio de Loyola, uma Teresa de Ávila, um Filipe de Neri; e, um pouco adiante, são Vicente de Paulo e todo o movimento religioso da França do século XVII.

É de um movimento assim que a Igreja vai precisar, se quiser de novo capturar a imaginação das pessoas. Já aconteceu antes; e a crise, às vezes, é a sementeira da renovação.

> Os evangélicos estão andando mais depressa com as pequenas igrejas que aparecem em cada esquina, e que são projetos de comunidade.

Em Jerusalém, residem as nossas fontes: Escritura, catequese, sacramentos, comunidade, amizade do Senhor, Maria e os apóstolos... Somos ainda capazes de contar de tal modo essas fontes, que despertem o encanto pela sua beleza?

Papa Francisco

Quanto à conversão pastoral, quero lembrar que 'pastoral' nada mais é que o exercício da maternidade da Igreja. Ela gera, amamenta, faz crescer, corrige, alimenta, conduz pela mão... Por isso, faz falta uma Igreja capaz de redescobrir as entranhas maternas da misericórdia.

Papa Francisco

14 de março de 2013

O papa que veio do fim do mundo

Em busca de uma nova evangelização

Mais uma vez, os ventos do Vaticano surpreenderam o mundo. O cardeal Bergoglio estava muito longe de ser considerado "papabile". Não que ele não tivesse condições para isso. No conclave que elegeu Bento XVI, ele foi o principal desafiante – mais, até, que o saudoso cardeal Martini, em quem já se discerniam os primeiros sintomas de Parkinson. Mas, agora, tudo isso parecia história antiga.

> Não vamos esquecer que, idoso ou não, João XXIII revolucionou a Igreja.

Começando pela questão da idade. Aos 76 anos, ele está próximo dos 78 com que se elegeu Joseph Ratzinger. Ou dos 77 de João XXIII. Mas não vamos esquecer que, idoso ou não, João XXIII revolucionou a Igreja.

De Jorge Bergoglio não se esperam revoluções. Mas, por sua estatura intelectual e humana, ele tem todas as condições de ser um bom papa. Um papa austero, que não vai tocar bandoneón. Mas uma figura de pai, que foi o que se viu ontem no balcão da praça de São Pedro. Uma aparição severa, mas que logo desatou num sorriso, numa brincadeira ("o papa que veio do fim do mundo") e num pedido para que todos rezassem por ele.

> Um papa austero, que não vai tocar bandoneón. Mas uma figura de pai.

Há vários ineditismos nesta eleição. E o primeiro é geopolítico. Finalmente, o papado se afasta da Itália e dirige-se a uma região onde o catolicismo é forte. No caso de Bergoglio, ficou mais fácil de fazer porque, como uma multidão de argentinos, ele tem nome e ascendência italianos. Mas o lance geopolítico é forte – e certeiro. Com essa eleição, fortalecem-se Igrejas como a da Argentina, ou como a do Brasil – esta, na condição de ter apresentado um "papabile" forte. Na Argentina, o sistema Kirchner terá de haver-se, agora, com um poderoso contraponto. Faz parte do kirchnerismo tentar controlar todos os setores da sociedade. Pretensão com a qual não concordava o episcopado argentino – que agora vai se sentir "energizado".

Mas este é um aspecto marginal do papado que agora começa. O papa Francisco, até por necessidade, não vai navegar sozinho. Vai precisar de bons colaboradores – por exemplo, de um secretário de Estado que o alivie um pouco de tarefas administrativas –, sem chegar ao excesso de poder que beneficiou (ou atrapalhou) o cardeal Bertone. Assim lhe será mais fácil e natural caminhar na direção de uma das injunções do Vaticano II – a recomendação da "colegialidade", isto é, de uma parceria maior entre o papa e o colégio dos bispos, sem prejuízo dessa mística do papado que, nas últimas semanas, traduziu-se numa cobertura espetacular da mídia.

> A mística do papado traduziu-se numa cobertura espetacular da mídia.

Também não se deve desprezar, na figura do novo papa, o fato de ser ele jesuíta – o primeiro da história. Quem conhece um pouco de história da Igreja sabe o papel nela desempenhado pelos jesuítas – aquela turma aguerrida que, em torno de santo Inácio de Loyola, ofereceu aos papas do Concílio de Trento a massa de manobra de que eles precisavam para fazer frente à Reforma de Lutero.

Hoje, menos aguerridos, os jesuítas continuam a se destacar por sua forte preparação intelectual, e por uma vocação de missionários e educadores. No caso do Brasil, há quem ache (um Fernando de Azevedo, por exemplo) que o país não teria permanecido unido se não fosse o trabalho vasto e constante dos jesuítas na área da educação. O novo papa escolheu o nome de Francisco. O que há de ter emocionado muita gente, que se lembrou de Francisco de Assis. Mas o papa pode ter, em vez disso, pensado no grande são Francisco Xavier, o apóstolo do Oriente, que pregou na Índia e morreu quando tentava penetrar na China. E por aí, talvez, se possa fazer um paralelo entre o papado que termina e o que começa: Bento XVI sintonizado com são Bento, o próprio alicerce da civilização europeia; o papa Francisco pensando numa nova evangelização que devolva ao catolicismo os horizontes largos e o fascínio da aventura cristã. É um paralelo injusto face a Bento XVI e sua luminosa "ortodoxia positiva". Mas a história está repleta de injustiças.

De rival a sucessor
Diálogo com Bento XVI

Uma das primeiras medidas que Jorge Bergoglio adotou depois de ser eleito papa foi telefonar e agendar um encontro com seu antecessor, Bento XVI. Em seu primeiro pronunciamento, propôs uma oração em homenagem ao papa emérito. Os gestos representam uma reviravolta no histórico dos dois religiosos. Nas votações secretas do conclave de 2005, os dois se tornaram rivais e o cardeal argentino acabou ficando em segundo lugar. Bergoglio chegou a pedir que os defensores de sua candidatura se abstivessem de elegê-lo.

Desde que se recolheu a Castelgandolfo, o papa emérito praticamente saiu de cena, e os porta-vozes do Vaticano reiteraram repetidas vezes que ele não teria nenhuma interferência na escolha do novo pontífice, apesar de ter indicado 67 dos 115 cardeais que participaram da votação.

Em dezembro de 2011, ao completar 75 anos, Bergoglio apresentou sua renúncia ao arcebispado de Buenos Aires por ter alcançado o limite de idade, de acordo com a lei eclesiástica. Mas o ex-rival nas urnas não aceitou a decisão e prorrogou seu mandato por mais dois anos, para ressaltar a boa relação do argentino com o Vaticano e como mostra de reconhecimento de seu trabalho no país.

Muros, abismos, distâncias ainda hoje existentes estão destinados a desaparecer. A Igreja não pode descurar esta lição: ser instrumento de reconciliação.

Papa Francisco

Faz falta, pois, uma progressiva valorização do elemento local e regional. Não é suficiente a burocracia central, mas é preciso fazer crescer a colegialidade e a solidariedade; será uma verdadeira riqueza para todos.

Papa Francisco

4 de junho de 2013

A prolífera produção teológica do velho papa

Em termos de Igreja, todas as luzes estão focadas no papa Francisco – que nem precisaria delas, tendo gerador próprio. Enquanto isso, sem alarde, Bento XVI voltou ao Vaticano, onde passa a morar no convento Mater Ecclesiae.

O que ele estará fazendo? Será que o piano (seu velho companheiro) foi junto? Imagino a sóbria alegria que ele deve estar sentindo ao ver as evoluções do papa Francisco, consequência direta, ou indireta, da sua sapientíssima renúncia.

Imenso teólogo que ele é, continuará a escrever? É possível que sim, porque, quando da renúncia, só o corpo parecia mesmo usado até o fim.

> Sem alarde, Bento XVI voltou ao Vaticano para morar no convento. Será que o piano (seu velho companheiro) foi junto?

> Continuará a escrever? Mas o que ele escreveu já o coloca na linha de frente dos teólogos modernos.

Mas, se não quiser, também não precisa. O que ele escreveu já o coloca na linha de frente dos teólogos modernos, ao lado de um Rahner ou de um von Balthasar.

As editoras agora fazem uma festa com as famosas homilias das quartas-feiras. Uma por semana, em oito anos de pontificado, faça as contas. E que leveza de toque!

Uma série brilhante é a que ele dedicou aos grandes mestres da história da Igreja. Lá estão todos eles, um por um, tratados com carinho. O formidável Atanásio, que enfrentou os arianos no Concílio de Niceia; os magníficos Padres da Capadócia – são Basílio, são Gregório de Nissa, o outro Gregório. Agostinho e são Tomás, claro, pedem mais espaço que os outros. Mas também está lá santo Antônio, que sabia muito mais coisas que os segredos dos namorados; e a grande Teresa de Ávila; mas também a Teresinha de Lisieux, "doutora da Igreja" porque veio nos ensinar o que depois se chamou de "pequena via" – o caminho da simplicidade.

Vendo os livros que saem, uns depois dos outros, nos perguntamos como Bento XVI ainda achou tempo para ser papa. E entre os livros está a majestosa trilogia *Jesus de Na-*

zaré, compêndio totalmente *up-to-date* sobre o fundador do cristianismo.

Bento XVI é, certamente, teólogo nato. Nunca deixaria de escrever. Mas por que, numa vida tão acidentada, ele quis produzir o que é quase uma nova versão da *Summa Theologica*? Bento tem a sensação do "fim dos tempos". Não que ele ache que o Cristo vai voltar amanhã (nunca se sabe). Mas ele sente a nossa época como uma virada que pode levar a qualquer coisa. E para esse contexto "antidiluviano" ele preparou a sua grande síntese, essa visita comovida às figuras exponenciais do catolicismo.

Para mostrar o quê? Que o mistério católico é a "casa comum" onde há espaço para todos, e onde ninguém é dono da verdade. Cada um dos Padres da Igreja é uma realidade magnífica, uma verdadeira luz. Mas a teologia não é "deles"; não é propriedade de um Agostinho, de um santo Ambrósio, nem mesmo de um são Francisco.

É essa "casa comum" que atravessa os séculos, sacudida pelas tempestades, pelas fraquezas humanas, mas sempre capaz de se reencontrar no que Bernanos chamava de "a doce misericórdia de Deus".

> Bento tem a sensação do "fim dos tempos". E para esse contexto "antidiluviano" ele preparou a sua grande síntese, essa visita comovida às figuras exponenciais do catolicismo.

É precisamente desta luz da fé que quero falar,
desejando que cresça a fim de iluminar o presente
até se tornar estrela que mostra os horizontes
do nosso caminho, num tempo em que o homem
vive particularmente carecido de luz.

Encíclica Lumen fidei

Estas considerações sobre a fé pretendem juntar-se
a tudo aquilo que Bento XVI escreveu nas cartas
encíclicas sobre a caridade e a esperança. Ele já tinha
quase concluído um primeiro esboço desta carta encíclica
sobre a fé. Estou-lhe profundamente agradecido…

Encíclica Lumen fidei

6 de julho de 2013

Dois papas, uma mensagem de paz

Tocar piano a quatro mãos pode dar à música uma dimensão extra. O mesmo se pode dizer de uma encíclica – *Lumen fidei*, a luz da fé – escrita a quatro mãos pelos papas Bento XVI e Francisco. Só por essa origem, o documento já tem uma irradiação própria. Ele também serve para mostrar que o novo pontificado começa afinado com o que o antecedeu – o que não quer dizer que Francisco seja clone de Bento. Mas eles concordam no essencial.

O essencial é a "ortodoxia afirmativa" que foi exposta por Ratzinger transformado em papa. A Igreja é portadora de uma mensagem de vida – a rea-

> Tocar piano a quatro mãos pode dar à música uma dimensão extra. O mesmo se pode dizer da encíclica escrita a quatro mãos pelos papas Bento XVI e Francisco.

lidade do Cristo, sua passagem por este mundo, sua morte e ressurreição. Mas esse mistério não é para ser jogado no rosto de quem não acredita. Inclusive porque, como disse o então cardeal Ratzinger, "há tantos caminhos para Deus quantas são as pessoas".

A encíclica (estilo Bento) sustenta que a fé "deve ser professada em toda a sua pureza e integridade". Mas ela abre os braços para os que estão "de fora" e que muitas vezes nem chegaram a se colocar a questão religiosa: "Quem quer que se coloque na posição de fazer bem aos outros já está chegando perto de Deus." Ou, dito de outra forma: quem quer que esteja aberto ao amor já está, mesmo sem saber, no caminho que conduz ao sagrado.

Se o cristão quer entrar em contato com essas vastas parcelas que constituem um tipo moderno de ateísmo, a primeira condição é deixar de lado qualquer presunção, a mais ínfima dose de triunfalismo. A ênfase tem de ser outra: uma genuína preocupação com os outros, mesmo entre não crentes, já significa uma semente de fé. No nascimento de Cristo, quando o anjo falou aos pasto-

> Se o cristão quer entrar em contato com as vastas parcelas de um tipo moderno de ateísmo, a primeira condição é deixar de lado qualquer presunção.

res, ele não disse "paz aos que seguem a nossa crença", e sim "paz na terra aos homens de boa vontade".

Esta semente de fé – diz a encíclica – também nos ajuda a imaginar modelos de desenvolvimento que estejam baseados não apenas na utilidade e no lucro, mas que considerem a Criação como um dom de que somos todos devedores. Assim se podem criar formas justas de governo, no entendimento de que a verdadeira autoridade vem do Alto, e só encontra o seu sentido na busca do bem comum.

A encíclica foi inicialmente esboçada por Bento XVI, e reflete claramente alguns de seus temas preferidos, como a ligação entre fé e verdade, os perigos do relativismo, a importância da tradição e do magistério da Igreja. Mas a mão de Francisco transparece na maneira como ela quer falar a todos, inclusive aos não crentes. E ao lado da referência ao meio ambiente está também a preocupação com os pobres, que pode muito bem tornar-se o dado marcante deste pontificado. "A fé deve ser posta a serviço da justiça, da lei e da paz."

> A encíclica foi inicialmente esboçada por Bento XVI, mas a mão de Francisco transparece. Ao lado da referência ao meio ambiente está a preocupação com os pobres, que pode tornar-se o dado marcante deste pontificado.

Dois papas, uma mensagem de paz

De fato, o Sucessor de Pedro, ontem, hoje e amanhã, sempre está chamado a 'confirmar os irmãos' no tesouro incomensurável da fé que Deus dá a cada homem como luz para o seu caminho.

Encíclica Lumen fidei

Somos ainda uma Igreja capaz de aquecer o coração? Uma Igreja capaz de reconduzir a Jerusalém? Capaz de acompanhar de novo à casa?

Papa Francisco

21 de julho de 2013

O papa peregrino

Pode até haver protestos – o que é que não é possível no Brasil de hoje? –, mas a perspectiva é de que a Jornada Mundial da Juventude seja um belo evento, capaz de consolar um pouco a alma nacional dos tempos difíceis que estamos vivendo. Crenças religiosas à parte, estaremos recebendo uma personalidade cuja exposição à mídia, até agora, só tem produzido elogios. Em termos de lideranças, hoje, quem poderia ser colocado ao lado desse argentino de 76 anos que, desde março, é o 266º papa da Igreja católica? O único nome que me ocorre é o de Nelson Mandela, que, como sabemos, está quase entrando para um Panteão supraterreno.

Além de tudo o que a imprensa tem dito de Jorge Mario Bergoglio, parece evidente que ele domina a arte das linguagens simbólicas (trocar o sapato vermelho pelo sapato preto foi só o primeiro de muitos lances do que se poderia chamar de "metacomunicação"). Mas – ó maravilha – o que ele faz

> O fascínio do papa Francisco tem-se revelado inesgotável, impressionando até a quem não é católico.

não soa como jogada de marketing, e sim como produto espontâneo de uma personalidade fora das normas.

O fascínio do papa Francisco tem-se revelado inesgotável, impressionando até a quem não é católico. Mas a Jornada Mundial da Juventude não foi pensada para ser a apoteose de um papa, por mais querido que ele seja. Ela foi uma criação genial do falecido João Paulo II (em breve são João Paulo) que vai buscar suas raízes nas próprias origens da Igreja.

Naqueles tempos remotíssimos, mártires sobre mártires apresentavam-se à devoção dos cristãos, mortos de maneira cruel por um Império Romano que via no cristianismo um adversário inédito. Túmulos de mártires tornavam-se pretexto de peregrinações, e deles esperava-se a cura de doenças ou o alívio espiritual – assim como, ainda hoje, as pessoas vão a Lourdes em busca da fonte que já curou muita gente.

Assim se formaram, ao longo dos tempos, correntes incessantes de peregrinos, que se dirigiam sobretudo a lugares como Roma (onde foram martirizados são Pedro e são Paulo), Santiago de Compostela e, claro, à Terra Santa. Quando, na virada do primeiro milênio, os turcos fecharam os acessos à Palestina, isso pôs em pé de guerra uma cristandade medieval que não precisava de muitos pretextos para montar a cavalo e sair de lança em riste. Começava a epopeia das Cruzadas, com sua mistura de loucura e de sublime.

Sendo ele mesmo um caráter épico, João Paulo II, defrontado com uma civilização consumista que ia perdendo, um a um, seus valores, recuperou a ideia da peregrinação com enfoque voltado sobretudo para os jovens. E os jovens atenderam ao chamado. Dê uma olhada num filme famoso dos anos 1960 – *As sandálias do pescador*, com Anthony Quinn. Veja o tipo de multidão que enchia a praça de São Pedro por ocasião de uma troca de papas: gente mais velha, séria, de gravata, freirinhas comovidas. Olhe, em seguida, os vídeos que acompanharam a longa agonia do papa polonês. Lá estão os jovens que ele chamou e que nunca deixaram de acompanhá-lo.

> João Paulo II recuperou a ideia da peregrinação com enfoque voltado sobretudo para os jovens. E os jovens atenderam ao chamado.

Como não podia deixar de ser, o primeiro encontro aconteceu em Roma, em 1986. No ano seguinte, Buenos Aires. Em 1989, Santiago de Compostela. Nas Filipinas, em 1995, foram quatro milhões os peregrinos.

Essa é a mística da Jornada – e pouco importa que, nesta versão carioca, sejam dois milhões, três milhões, um milhão e meio. Não se trata de estatísticas, mas da atitude de quem se dispõe a sair do seu conforto em busca de alimento espiritual. Na Europa medieval, isto significava longas caminhadas a pé, saco de viagem nas costas. Um percurso famoso era o que saía de Paris, da Tour Saint-Jacques, e ia até Compostela, na Espanha. Paulo Coelho, a quem não se negará astúcia, recolheu partes dessa mística para seus romances de aventura espiritual.

> Essa é a mística da Jornada. É o mais alto impulso da alma humana; sair de si mesmo, aceitar o novo, a aventura, a quebra da rotina.

Hoje, anda-se de navio, de ônibus, de avião (mas o Ancelmo [em sua coluna no *Globo*] já noticiou que um cearense virá a pé, 2.500 km). O espírito pode ser o mesmo: é o mais alto impulso da alma humana; sair de si mesmo, aceitar o novo, a aventura, a quebra da rotina.

Isso pode valer também para quem hospeda um peregrino. De novo, o risco da aventura, do desconhecido. O Evangelho nos ensina a procurar, no rosto do Outro, a própria imagem de Cristo. Se não é assim, você se condena a encontrar sempre a mesma face no espelho, um pouco mais gasta a cada dia.

"Um grande apóstolo do Brasil, o bem-aventurado José de Anchieta, partiu em missão quando tinha apenas dezenove anos! Sabem qual é o melhor instrumento para evangelizar os jovens? Outro jovem! Este é o caminho a ser percorrido por vocês!"

Papa Francisco

"Vejo em vocês a beleza do rosto jovem de Cristo e meu coração se enche de alegria!"

Papa Francisco

22 de julho de 2013

À procura de um cânone

Começa hoje a parte principal da Jornada Mundial da Juventude, com a presença do papa Francisco. O Brasil não é mais um país tão católico quanto já foi. Nem se exclui a possibilidade de uma ou outra passeata mal-humorada. Mas há poucas dúvidas de que o líder máximo do catolicismo vai se ver, nos próximos dias, envolto numa onda de afetividade bem brasileira.

Primeiro, por ser o papa, o "pai". Com todas as conversas sobre crise da Igreja, a mística do papado continua bem viva, como se viu no recente processo de substituição de pontífices. Entram aí, além do fator religioso, ingredientes que só os psicanalistas poderiam explicar.

Segundo, por ser ele quem é. A revista *Time* acaba de lhe dedicar matéria de capa: "*The people's Pope*", o papa do povo. O paradoxo do papa Bergoglio é que ele parece tão simples sendo ao mesmo tempo tão sutil. Ele acerta em cheio no problema da comunicação, sem dar a menor impressão de que está fazendo marketing. Ele soa autêntico — e isso, nos dias de hoje, vale o seu peso em ouro.

Terceiro: ele é um ponto de referência, outro dado precioso numa época que perdeu as suas referências.

Vale aqui um cruzamento com a crise política brasileira.

> O paradoxo do papa Bergoglio é que ele parece tão simples sendo ao mesmo tempo tão sutil. Ele acerta em cheio no problema da comunicação.

Os jovens estão na rua cobrando alguns itens básicos: transporte, educação, saúde, combate à corrupção. A lista poderia ser aumentada. Mas o que está por trás destas e outras reivindicações é a exigência de um cânone, de um padrão aceitável para a convivência social.

Esse cânone é o que era fornecido pela educação tradicional. Ainda hoje, sobretudo num contexto de pequena classe média, você pode encontrar esses valores em razoável estado de conservação, num extrato social que depende do seu próprio esforço para "chegar lá". Gente que não costuma ter padrinhos fortes, o "quem indica". Que sabe o quanto vale um bom colégio; que ainda foi ensinada a respeitar os mais velhos, a ajudar o parente que perdeu o pé na vida.

São valores que podem ter relação com uma educação religiosa. Toda religião supõe um cânone. O mundo judaico-cristão começa com a Lei que Moisés trouxe do alto do Sinai, e sua parte mais famosa são os Dez Mandamentos: não matarás, não furtarás, honrarás teu pai e tua mãe, não cobiçarás a mulher do próximo... Normas que tanto atendem à religião como dão suporte à convivência social.

> Toda religião supõe um cânone. O mundo judaico-cristão começa com a Lei de Moisés, e sua parte mais famosa são os Dez Mandamentos.

No cristianismo, isto sofreu uma correção de ênfase com a surpreendente reabilitação dos humildes. "Bem-aventurados os pobres em espírito, porque deles é o reino dos céus ... bem-aventurados os aflitos, porque serão consolados ... bem-aventurados os mansos, porque possuirão a terra..." O pobre, nessa visão, é aquele que possuirá a terra porque não se deixou sufocar por ilusões (a "vaidade das vaidades" de que fala o Eclesiastes), porque é capaz de dar graças pelo pouco que recebeu.

Nem todos os pobres são assim, claro. Mas se o Cristo dirigiu-se, inicialmente, a humildes pescadores da Galileia, e não à elite culta de Jerusalém, não foi por achar que, nesse terreno, a sua mensagem seria mais facilmente entendida?

Esse era o contexto da primeira comunidade cristã, como está descrito nos Atos dos Apóstolos. Gente que tinha pouco, e que se ajudava na medida do possível.

Depois a Igreja foi se substituindo – até por necessidade – às estruturas corrompidas do velho Império Romano. Bispos houve que se tornaram verdadeiros príncipes, para não falar nos cardeais. Chegou o dia em que os papas faziam e desfaziam testas coroadas. O mais poderoso deles, Inocêncio III, recebeu a visita de um certo Francisco, que queria licença para fundar uma congregação em que os irmãos viveriam realmente como pobres. Parecia uma simples curiosidade. Hoje se sabe que foi a salvação da Igreja medieval.

Talvez em tons menos dramáticos, é o que parece decidido a fazer o papa Francisco, que, como cardeal, andava de ônibus, pagava as próprias contas e cozinhava o próprio almoço. Muita novidade para um Vaticano que, sem ser uma corte renascentista, estava acostumado a um ritual superfino.

O novo papa é a mais improvável das surpresas – um homem comum (ou que parece comum) instalado na chefia da mais antiga e misteriosa instituição da Terra. Ele, sozinho, é um cânone.

> A Igreja foi se substituindo às estruturas corrompidas do velho Império Romano. Chegou o dia em que os papas faziam e desfaziam testas coroadas.

Semear custa e cansa; cansa muitíssimo! É muito mais gratificante alegrar-se com a colheita! Vejam a nossa esperteza! Todos nos alegramos mais com a colheita, e todavia Jesus nos pede para semear, e semear com seriedade.

Papa Francisco

Decididamente pensemos a pastoral a partir da periferia, daqueles que estão mais afastados, daqueles que habitualmente não frequentam a paróquia. Eles são os convidados VIP. Saiamos à sua procura nos cruzamentos das estradas.

Papa Francisco

23 de julho de 2013

A hora do Encontro

Este domingo, fui à missa na igreja dos jesuítas, rua São Clemente, Botafogo. Igreja lotada, inclusive porque o Colégio Santo Inácio está abrigando mais de mil peregrinos. Nunca vi os cânticos e algumas orações enunciados com tanta convicção. Era emocionante ver aqueles rostos de todos os lados do mundo concentrados num só pensamento.

Esta é a mística dos encontros, que, tratando-se de jovens, vem banhada numa alegria contagiante. É o terreno em que o papa Francisco se move como ninguém.

Vinicius de Moraes, num momento de grande inspiração, disse que a vida é a arte do encontro, apesar de todos os desencontros. É verdade. Se não há encontro, reina, opressiva, a solidão. O adolescente sabe disso, quando ainda está envolvido com suas espinhas, com sua insegurança, com suas inquietações.

De repente, surge a primeira namorada, e o mundo inteiro se ilumina, porque a namorada é o ser extramental em toda a sua glória, é a prova de que a realidade não é composta de sombras, e pode ser entusiasmante.

Todas as religiões trabalham com o tema do Encontro revelador. Foi assim com Moisés, quando guardava cabras nas proximidades do monte Sinai e viu um arbusto que queimava mas não se consumia. Segue-se o diálogo com Alguém que estava dentro do arbusto, momento fundador do judaísmo.

Todo o cristianismo pode ser resumido numa frase: encontrar o Cristo. É a isso que se dedicam os monges nas suas celas, as freiras nas suas clausuras, o cristão comum na sua vida diária. Uma coisa é você acreditar que a doutrina cristã é uma proposta boa, embora você às vezes não entenda por que o padre insiste nesta ou naquela ideia. Outra coisa é você encontrar realmente o Cristo, e ver a sua vida virada de pernas para o ar. Você pode até abrir mão da namorada — como aconteceu com o adolescente Bergoglio.

Estão sendo ditas coisas maravilhosas sobre esse papa que

> Uma coisa é você acreditar que a doutrina cristã é uma proposta boa. Outra coisa é você encontrar realmente o Cristo, e ver a sua vida virada de pernas para o ar.

já é, em si mesmo, um milagre. Deve ser verdade. Mas tudo poderia ser resumido de maneira bem simples: ele é um homem evangélico, na linha do santo que lhe dá o nome. Como Francisco de Assis, ele teve um encontro com o Cristo, a que ele se refere com muita discrição. E, a partir daí, surge um homem novo – essa figura notável que nos surpreende a cada dia com a sua modéstia, sua simplicidade, sua paixão pelos pobres (na linha do Sermão da Montanha).

> Como Francisco de Assis, Bergoglio teve um encontro com o Cristo. E, a partir daí, surge um homem novo.

Esses encontros transformadores já foram contados por muita gente (relato comovente é o do historiador Paulo Setúbal, num livro hoje esquecido que se chama *Confiteor*). O caso clássico continua a ser o de são Francisco de Assis, narrado na *Legenda dos três companheiros*, um belíssimo texto medieval.

Francisco, filho de comerciante rico, já tivera alguns momentos de experiência espiritual, que o tinham feito desistir de uma promissora carreira nas armas. Fracassara duas vezes e, de volta a Assis, dedicava-se a liderar seus companheiros em festividades que ele bancava com o dinheiro do pai. Conta a *Legenda*:

"Alguns dias depois do seu retorno a Assis, ele foi escolhido como chefe de uma festa por seus companheiros, e encarregado de fixar as despesas como melhor lhe aprouvesse. Fez então preparar um festim suntuoso, como ele já tinha feito outras vezes. Depois do banquete, saíram da casa, e os companheiros o precediam pela cidade, cantando. Ele ia atrás, sem cantar, tendo na mão um bastão para significar que era o chefe. E, sem aviso, ele foi visitado pelo Senhor, e seu coração se encheu de uma tal doçura que ele não podia falar, nem mover-se, nem ouvir, nem sentir nada além dessa doçura que o tinha tornado totalmente estranho a todas as sensações da carne. E, como ele disse mais tarde, se naquele momento quisessem cortá-lo em pedaços, ele não teria podido nem fugir nem se mexer."

É o que os místicos, cristãos ou não cristãos, chamariam de "iluminação". E coisas assim espetaculares acontecem com pouca gente. Mas o que o cristianismo ensina é que você pode seguir, pouco a pouco, nessa direção, abrindo o seu coração para o Outro, para quem está do seu lado, e um dia, sem aviso, você sentirá que mais alguém está participando da caminhada. O que conta é o que você puser de amor nessa empreitada. Como escreveu são João da Cruz, "en la tarde te examinarán en el amor" [no crepúsculo seremos julgados pelo amor].

> O que os místicos chamariam de iluminação acontece com pouca gente.

"Nunca me esquecerei daquele 21 de setembro – eu tinha dezessete anos – quando, depois de passar pela igreja de San José de Flores para me confessar, senti pela primeira vez que Deus me chamava. Não tenham medo daquilo que Deus lhes pede!"

Papa Francisco

"Primeiro, ser chamados por Jesus; segundo, ser chamados a evangelizar; e, terceiro, ser chamados a promover a cultura do encontro."

Papa Francisco

24 de julho de 2013

O que é ser papa?

A Jornada Mundial da Juventude espalha pela cidade uma eletricidade que é tudo de bom e de belo. Que experiência, ver a garotada pelas ruas do Rio com suas bandeiras e mochilas (algumas enormes), disposta a andar, a cantar, a confraternizar! Se o mundo fosse sempre assim...

A chegada do papa deu algumas voltas extras nesse parafuso. Tente imaginar alguma personalidade contemporânea sendo recebida como foi o papa Francisco. Duvido que você consiga achar.

De onde vem essa energia? Há o fenômeno religioso, talvez a maior de todas as paixões humanas. Mas será só isso? Desde a renúncia de Bento XVI, esse fenômeno tem mobilizado, de maneira surpreendente, pessoas que não têm ligação direta, ou mesmo indireta, com a religião.

Há mistérios no Vaticano, muito além do alcance de um Dan Brown. Há uma tradição forte dizendo que naquela colina foi martirizado o primeiro

> Há mistérios no Vaticano, muito além do alcance de um Dan Brown.

papa, e que uma primeira igreja teria sido construída, ali, sobre a própria sepultura de são Pedro. Há as palavras solenes do Cristo: "Pedro, tu me amas? Apascenta as minhas ovelhas."

São Pedro fez o que pôde para cumprir sua missão. Depois, veio uma série de papas de que sabemos muito pouco – Lino, Cleto, Clemente. Esses primeiros papas eram os bispos de Roma (e é assim que gosta de se chamar o atual Francisco). Fora dos muros da cidade, tinham uma influência apenas relativa, como se vê pelo Concílio de Niceia, ano 300, crucial para a Igreja primitiva, em que a presença de um legado pontifício passou quase desapercebida.

Depois, houve de tudo. Houve os grandes papas da Roma antiga – são Leão, são Gregório –, houve os papas posteriores a Carlos Magno, cujas histórias nos cobrem de vergonha (aquilo ainda era a Igreja de Cristo?), houve os pontífices majestosos da Alta Idade Média, os papas corruptos da Renascença, contra os quais se rebelou Lutero, e por aí vai.

O que sobra dessa cavalgada histórica? Um mistério. Alguns papas foram grandes personalidades, às vezes até santos. Outros foram medíocres, como os papas do século XVIII (um deles, por pressão da França, decretou o fim da Companhia de Jesus). Mas cada um deles, de algum modo, sabia o que se esperava deles.

Conversando, uma vez, com dom Eugenio Sales, ele me disse que, estudando documentos pontifícios referentes à fundação do Brasil, encontrou textos do terrível papa Borgia, Alexandre VI, pessoa sabidamente corrupta. Mas, disse dom Eugenio, quando tinha de falar como papa, a voz (ou o texto) era de papa.

A Igreja também se envolveu em mil confusões por causa de problemas políticos – como a existência dos Estados pontifícios. Durante séculos, o papa era um chefe de Estado com direito a território, a burocracia, a forças militares. Júlio II, na Renascença, chegou a comandar tropas envergando armadura cintilante. Equívoco total, que terminou no século XIX com a emancipação da Itália. O Vaticano, hoje, é um Estado minúsculo. Mesmo assim, reporta-se ao papa uma organização gigantesca, interferindo na vida de um bilhão de pessoas.

O papa precisa de ajuda. Ele poderá pôr em prática um dos lemas do Vaticano II – a colegialidade, significando que o

> A Igreja se envolveu em mil confusões por causa de problemas políticos, como a existência dos Estados pontifícios.

papa, no fundo, é um bispo entre outros bispos, ainda que com prerrogativas especiais.

Essa prerrogativa é o mistério católico propriamente dito: um ponto de referência doutrinário, que o papa divide com os concílios.

Desde a Renascença, católicos e protestantes tomaram caminhos divergentes. Os protestantes pregam o "livre exame": cada cristão tem o direito de abrir a Bíblia e extrair, dali, as conclusões que quiser. Sem papas, sem bispos, sem hierarquias. Também por esse caminho se pode ser cristão, e na literatura protestante há textos (e exemplos) da mais alta espiritualidade.

O católico tem um olho em Roma. E sabe que, quando o papa fala, não está falando por si mesmo. É como se, de geração em geração, fosse passada adiante a experiência de fé da Igreja primitiva, das pessoas que conheceram o Cristo e que, quando necessário, deram a vida em nome do que acreditavam. É como se, pelas mãos do papa, corressem os fios inumeráveis dessas histórias. Dessa transmissão viveram os santos. Por ela é responsável o bispo de Roma, que hoje se chama Francisco.

> O católico tem um olho em Roma, no papa.
> É como se, de geração em geração, fosse passada adiante a experiência de fé da Igreja primitiva, das pessoas que conheceram o Cristo.

Deus sempre surpreende, como o vinho novo, no Evangelho que ouvimos. Deus sempre nos reserva o melhor. Mas pede que nos deixemos surpreender pelo seu amor, que acolhamos as suas surpresas.

Papa Francisco

Não reduzamos o empenho das mulheres na Igreja; antes, pelo contrário, promovamos o seu papel ativo na comunidade eclesial. Se a Igreja perde as mulheres, na sua dimensão global e real, ela corre o risco da esterilidade.

Papa Francisco

25 de julho de 2013

Uma visita a Aparecida

Houve quem achasse que o papa Francisco foi pouco incisivo naquele primeiro discurso do palácio Guanabara (ou seria no "bunker" do Guanabara?). Não penso assim. Ele se comportou como pessoa educada, que bate à porta e pede licença para entrar. E, sendo argentino, não ia mesmo deitar falação sobre política brasileira.

Quem queria conhecer o verdadeiro Bergoglio, para além dessa "persona" supersimpática que está na mídia, teve uma oportunidade para isso assistindo à missa de ontem em Aparecida, transmitida pela televisão. Antes de começar a missa, o papa se deteve ante a imagem da padroeira do Brasil, e rezou como se estivesse

> Bergoglio consagrou o seu papado à Senhora de Aparecida. Essa devoção mariana aproxima Francisco de João Paulo II.

no seu oratório particular – longamente, sem sorriso, eu diria comovidamente. Depois, consagrou o seu papado à Senhora de Aparecida, que também é a Virgem de Guadalupe, protetora da América Latina.

Essa devoção mariana dá o que pensar. Ela aproxima Francisco de João Paulo II, que tinha suas raízes plantadas na Virgem Negra de Czestochowa. É um modo de ser religioso que fala mais ao coração do que ao raciocínio. E é um atalho que leva em marcha batida na direção do mistério.

A figura do Cristo sempre se pode racionalizar. Pode-se até excluí-lo do terreno do sagrado. Foi o que fez, por exemplo, Ernest Renan, famosíssimo autor francês do século XIX, com sua *Vie de Jésus*. Jesus aparece, ali, como pessoa perfeitíssima, um modelo de idealista, que só queria o bem dos outros – mas de divino não tinha nada. Mesmo hoje, o Cristo pode ser um padrão do "politicamente correto" – e só.

Mas a Virgem Maria, ou você a ignora totalmente, ou é obrigado a entrar no terreno do mistério.

Ela mesma cultiva o mistério, em episódios como o de Lourdes. Nesta e em outras apa-

> A figura do Cristo sempre se pode racionalizar e até excluí-lo do terreno do sagrado. Mas com a Virgem Maria, você é obrigado a entrar no terreno do mistério.

rições, ela não acrescenta uma linha ao nosso saber teológico. A não ser por um pequeno detalhe, que é mais uma confirmação do que uma revelação. Na história de Lourdes, que se passa em 1858, e resultou num lugar de peregrinação só inferior, em frequência, ao Vaticano, ela aparece a uma menina de quatorze anos, Bernadette, pobre entre os mais pobres, e durante uma série de quinze aparições, limita-se a pedir orações sem revelar a sua identidade. Finalmente, cedendo à persistência camponesa da vidente, solta uma simples frase, no dialeto de Lourdes: "Eu sou a Imaculada Conceição." Aí, sim, os teólogos foram à loucura, porque esta era uma noção profundíssima que o papa Pio IX tinha transformado em dogma poucos anos antes.

> O cristão do século XXI será um místico ou não será nada.

Mas as discussões só mobilizavam os teólogos: para Bernadette, bastava saber que a misteriosa visitante era a Virgem Maria, e que, através da água de Lourdes, começavam a acontecer coisas surpreendentes.

Todas essas histórias foram sendo sufocadas pela civilização racionalista moderna, até que, de uns tempos para cá, os ventos começaram a mudar. Um teólogo famoso, Karl Rahner, escreveu lá pelos anos 60: "O cristão do século XXI será um místico ou não será nada."

Hoje, buscam-se novos tipos de espiritualidade. Não é para transformar a religião no "ópio do povo" – e não há ninguém mais atento ao pobre do que o papa Francisco. Mas as pessoas querem, de novo, a experiência do sagrado, para além de uma religião demasiado racional que acaba transformando o Evangelho num código de boas intenções. O mapa desse novo cenário também pode ser encontrado no novo livro de Maria Clara Bingemer, *O mistério e o mundo*.

Quando Francisco, ou João Paulo II, patrocinam a devoção a Maria, não estão propondo um retorno a antigas carolices. Estão, simplesmente, apontando para o coração do mistério.

> Hoje, buscam-se novos tipos de espiritualidade. As pessoas querem, de novo, a experiência do sagrado.

A história de Maria é a história da Encarnação. Uma história que começa dentro do judaísmo e que subentende a mais descabelada das hipóteses: a de um ser simultaneamente humano e divino, filho de Deus e filho de mulher. E filho de virgem. Tudo tão extraordinário que, até o século IV (e mesmo além disso), discutiu-se furiosamente em torno da natureza de Cristo.

Os teólogos continuam discutindo. Os santos se deixam envolver pelo mistério, e acabam entendendo "por dentro". Por isso, o Cristo dá graças ao Pai por ter revelado aos humildes o que escondeu dos eruditos. Ele sabia das coisas.

> O Brasil colonial estava dividido pelo muro vergonhoso da escravatura. Nossa Senhora Aparecida se apresenta com a face negra, primeiro dividida mas depois unida, nas mãos dos pescadores.
>
> *Papa Francisco*

> Aparecida quer uma Igreja Esposa, Mãe, Servidora, mais facilitadora da fé que controladora da fé.
>
> *Papa Francisco*

26 de julho de 2013

Um anti-Ratzinger?

O que fazer com as meninas simpáticas que vêm me dizer: "Estou apaixonada pelo papa"? Só posso responder que elas têm razão, que este senhor argentino, largo de corpo, levemente barrigudo, é digno de todo o nosso amor, porque é tão evidente que ele é bom, é honesto, é um pai espiritual...

O "efeito Bergoglio" vai muito além das mocinhas simpáticas. É todo um povo que se comove com o sucessor de Bento XVI, que olha para ele com esperança, numa época em que as lideranças decepcionam.

O que vai acontecer com esse fenômeno? Acho que ele vai durar, porque é autêntico. O papa Francisco está realmente abrindo tempos novos para a Igreja. Mas, sem querer mudar o clima de felicidade geral, alguns cuidados talvez possam ser tomados:

É um equívoco achar que Jorge Bergoglio é um "anti-Ratzinger". Nada podia estar mais longe da verdade. Ratzinger, como teólogo, pegou fama de "durão". Eram tempos difíceis para a Igreja e para o mundo. Em sintonia com João Paulo II, Ratzinger achou que, num determinado momento, estava indo muito longe a importação de conceitos marxistas para dentro da teologia católica. E agiu com rigor – que o diga o nosso Boff. Mas, como Bento XVI, não comandou nenhuma perseguição a teólogos ousados. Foi capaz de dizer coisas civilizadas até numa visita a Cuba.

> É um equívoco achar que Jorge Bergoglio é um "anti-Ratzinger".

Também não é verdade que ele vivia no luxo. Os famosos aposentos do Vaticano eram amplos, mas não luxuosos (e dizem que, nesses mesmos aposentos, João Paulo II dormia no chão, do lado da cama). Quanto à capinha vermelha, de que ele gostava, faz parte da história da Igreja, não é nenhum manto de papo de tucano.

Mas, tudo bem, viva a virada adotada pelo papa Francisco. Sim, a Igreja que Jesus criou não supõe cardeais de mantos vermelhos desfilando por galerias renascentistas. Neste sentido, tinha razão o nosso dom Helder Câmara quando, em pleno Vaticano II, defendia uma "igreja das catacumbas", desprovida de ouropéis.

Outro possível equívoco diz respeito à relação do papa Francisco com a doutrina da Igreja. Ele não é um teólogo nato. Seus textos não são cintilantes, como os de Ratzinger/Bento. Mas ele pertence à mesma corrente que vem de Ratzinger, e que já foi chamada de "ortodoxia positiva". Nesse terreno, não se espere dele grandes novidades, revoluções teológicas. O seu papel é o de viver a ortodoxia com a convicção e a alegria que ele considera inseparáveis da vida cristã.

Pelo menos uma vez, ele disse algo de notável: "Se você quer ser cristão, tem de ser, primeiro, judeu."

Que frase! Aponta em tantas direções! Antes de tudo, para o fato de que Jesus Cristo era judeu (como a Virgem Maria, como os doze apóstolos). O cristianismo nasceu de dentro do judaísmo, e se você se esquece disso, é como querer contar a história de uma pessoa eliminando o fato de que ela tinha pai e mãe.

> Francisco disse algo notável: "Se você quer ser cristão, tem de ser, primeiro, judeu." Que frase! Aponta em tantas direções!

Mas acho que ele estava pensando, sobretudo, no judeu como homem da Lei. A lei não como um obstáculo, como o fardo pesado que o Cristo censurou com inesperada violência, mas como caminho, e até como Luz. O judeu piedoso é alguém que tem amor à Torá, à Lei de Moisés, como diz o primeiro Salmo: "Feliz aquele que se compraz no serviço do Senhor, e medita a sua lei dia e noite. Ele é como árvore plantada junto à corrente das águas, que no devido tempo dá fruto."

Pode-se ler o Sermão da Montanha como um vasto comentário à Lei mosaica. O Cristo começa dizendo que não veio mudar a Lei, "nem uma letra". Mas, como fazem os rabinos, ele passa a interpretá-la, de acordo com os novos tempos, e a explicar que, a partir dali, havia alguém que era maior do que Moisés, porque era a própria fonte da Lei.

É à interpretação dessa Lei que se dedicam os papas, com maior ou menor competência. Nenhum deles precisa ser um grande teólogo como foi Bento XVI. Eles só precisam cuidar para que não se perca o sentido original dessa mensagem, que vem lá do tempo dos apóstolos, e vai sofrendo refrações correspondentes às necessidades de cada época.

Este é o trabalho que cabe ao papa Francisco – e não é pouco. Mas, desde já, sabemos que não se trata de um fariseu, de alguém que, em vez de percorrer um caminho de luz, vai fazer da Lei o obstáculo que tanto irritava o fundador do cristianismo.

> É à interpretação da Lei que se dedicam os papas. Eles só precisam cuidar para que não se perca o sentido original dessa mensagem, que vem lá do tempo dos apóstolos.

Um anti-Ratzinger?

Outra lição que a Igreja deve sempre lembrar
é que não pode se afastar da simplicidade;
caso contrário, desaprende a linguagem do mistério.

Papa Francisco

O encontro e o acolhimento de todos, a solidariedade
— uma palavra que se está escondendo nesta cultura,
como se fosse um palavrão —, a solidariedade e a
fraternidade são elementos que tornam a nossa
civilização verdadeiramente humana.

Papa Francisco

27 de julho de 2013

Pensamentos franciscanos

Em termos de pensamento religioso, o papa Bergoglio poderia ser considerado (se é que essas classificações têm algum valor) um "conservador flexível", um defensor do que já se chamou de "ortodoxia positiva": fidelidade à doutrina da Igreja temperada por uma avassaladora humanidade. Por exemplo, ele se opõe firmemente ao aborto (o que a Igreja sempre fará), mas insiste em que há coisas que têm de mudar, na sociedade, para que o aborto não seja mais necessário. Uma delas: oferecer tratamento condigno para a mãe durante a gestação, bem como atenção psicológica depois que o bebê vem ao mundo. O

> O papa Bergoglio pode ser considerado um "conservador flexível": fidelidade à doutrina da Igreja temperada por uma avassaladora humanidade.

período pós-parto, como se sabe, é de estresse para a mãe e a criança, e em muitos países não há a folga pós-parto em dose suficiente, ou não há proteção de qualquer espécie.

Se a sociedade fizesse assim, Bergoglio acredita que muitas mães desistiriam do aborto. Ele conversou com muitas mulheres que tinham passado por isso, e disse que todas lamentavam o que ocorrera, e tinham noção de que era uma espécie de assassinato.

Ele é contrário ao homossexualismo. Mas acha que é um pecado tratar as pessoas diferentemente por causa de sua opção sexual. Ele acha que a Igreja, nesse terreno, é muito exclusivista; que cada um de nós tem os seus próprios pecados, e que os homossexuais são pessoas como as outras.

A paixão pelos pobres quase que define a sua vida; é, nele, uma espécie de *trademark*. Filho de trabalhadores, ele sabe o que é o mundo do trabalho, e acha que os governos deviam investir numa política de trabalho, e não de doação.

Também se preocupa com uma sociedade que exagera nas gratificações, muito mais do que na disciplina. Muitos pais não ensinam aos filhos o valor do trabalho árduo, criando assim adultos que podem não saber como contribuir para a sociedade ou levar vidas significativas. São lições que ele aprendeu dos seus pais, por quem tem veneração.

Como o Cristo, ele não suporta a hipocrisia. Acusou padres de hipocrisia por não quererem batizar filhos de mães solteiras e pronunciou uma frase marcante: existem mães, e não mães solteiras.

O que ele mais ressente nos padres: a tendência de se tornarem mais administradores do que padres.

Nesse ponto, pode-se entender que a missão é difícil. Imagine cuidar de uma paróquia, com pouco dinheiro, uma dose razoável de fofocas, e a solidão que às vezes é o preço da vida sacerdotal (não vale mais uma vez botar a culpa no celibato). Mas, apesar de tudo, o papa Francisco não se conforma com a paróquia burocrática, diz que o padre tem de sair do casulo, ir em busca das pessoas, estabelecer laços de caráter pessoal.

> Como o Cristo, Bergoglio não suporta a hipocrisia.

É o que, aparentemente, têm feito as comunidades evangélicas, e esta é uma das razões da sua rápida expansão. Também o católico precisa recuperar o sentido da comunidade que é a própria origem da vida cristã. É o que Bergoglio tem feito toda a vida, como padre, como bispo, como papa.

Para ele, isso é tanto mais importante quanto mais se sobe na escada da vida — ou da carreira eclesiástica. Ele gosta de usar o exemplo do cardeal Casarolli, que foi um importante secretário de Estado do Vaticano, mas manteve sua prática de visitar jovens nas prisões.

Um ótimo resumo do pensamento de Bergoglio é a homilia pronunciada na capela da Casa Santa Marta, no Vaticano, logo depois da sua eleição. Ele falava para funcionários da Casa, que agora acompanham o seu dia a dia, e referiu-se às leituras do dia, que contavam as dificuldades da primeira comunidade cristã, em seus esforços para crescer e multiplicar o número de discípulos: "Isso é uma coisa boa, mas que pode levar a pactos para ter ainda mais sócios nessa empreitada. O caminho que Jesus quer para a sua Igreja é outro: o caminho das dificuldades, da cruz, o caminho das perseguições. E isso nos faz pensar: o que é essa Igreja? Pois não parece iniciativa humana." E ele toca num ponto crucial: "Os discípulos não fazem a Igreja: eles são enviados, enviados de Jesus. E Cristo é o enviado do Pai."

"O Pai amou. E começou essa história de amor, que se prolonga no tempo e que ainda não acabou. Nós, homens e mulheres da Igreja, estamos no meio de uma história de amor. Cada um de nós é um elo nessa corrente de amor. E se não entendermos isso, não entendemos nada do que seja a Igreja."

> Francisco toca num ponto crucial: "Cada um de nós é um elo nessa corrente de amor."

Não deixemos entrar no nosso coração a cultura do descartável, porque nós somos irmãos. Ninguém é descartável! A medida da grandeza de uma sociedade é dada pelo modo como esta trata os mais necessitados, quem não tem outra coisa senão a sua pobreza!

Papa Francisco

Precisamos de uma Igreja capaz ainda de devolver a cidadania a muitos de seus filhos, que caminham como em um êxodo.

Papa Francisco

28 de julho de 2013

O Estado laico

Quando acontecem, no Brasil, fenômenos religiosos da proporção do que vemos agora, e isso exige algum tipo de participação dos poderes públicos, sempre aparece alguém para lembrar que o Estado é laico, e que essa participação é espúria. Me parece uma interpretação muito rigorista. O Estado é laico, sem dúvida, mas a cultura brasileira está impregnada de simbolismos religiosos, bastando lembrar o desfile das grandes festas que são o Natal, a Páscoa, as festas juninas. Quando voltamos às origens da nossa história, o que vem à cabeça? O quadro famoso da Primeira Missa no Brasil; o fato de que a terra recém-descoberta chegou a se chamar Terra de Santa Cruz;

os nomes de santos que estão por toda parte: São Paulo, São Vicente, Espírito Santo, Santa Catarina...

Se passamos dos símbolos para a história real, descobrimos que os jesuítas – a que pertence o papa Francisco – estavam ali desde o início, fundando as primeiras escolas ao lado das primeiras igrejas, e, durante séculos, garantindo tudo o que se parecia, aqui, com um projeto educativo. Historiadores como Fernando de Azevedo chegam a sustentar que, sem essa extraordinária rede imaterial construída pelos jesuítas, o país não teria concretizado o milagre de unidade que ele se tornou.

O catolicismo, no Brasil, era tão forte que acabou caindo num certo conformismo. O padre fazia parte da ordem social – tanto quanto o juiz, o delegado e o farmacêutico. Daí que tivemos casos infindáveis de padres burocratas, acomodados, fazendo seus filhinhos ao abrigo de uma certa hipocrisia social.

Mas por baixo desse eventual marasmo havia algo que estava vivo, e continua vivo: a piedade popular. Este é um tema crucial na vida do papa Francisco.

> O catolicismo no Brasil era tão forte que caiu num certo conformismo. Mas algo continua vivo: a piedade popular. Este é um tema crucial ao papa Francisco.

O Estado laico

Jorge Mario Bergoglio sempre foi bem-sucedido na Companhia de Jesus, onde ingressou ainda jovem. Aos 37 anos, já era mestre de noviços no seminário de San Miguel. No mesmo ano, foi eleito superior provincial dos jesuítas na Argentina. Mas sete anos depois, em 1980, ele voltava a San Miguel para ensinar numa escola dos jesuítas.

Já se disse que esse é um período de ostracismo para ele. O que aconteceu? Era o pós-Vaticano II, e tudo se discutia, inclusive o perfil da Companhia. Tradicionalmente voltada para a formação de elites intelectuais, ela queria agora dedicar-se aos pobres. Como exercer esse projeto, entretanto, era matéria de enormes divergências. E assim começou o "desterro" de Bergoglio.

Diz o excelente livro de Evangelina Himitian, *A vida de Francisco*: "Naquele tempo, cessaram os anos de viver rodeado de seminaristas, sacerdotes e homens de fé. Começavam os anos de pastor. Naqueles dias, o contato direto com o povo se transformou na chave da sua vida de padre." Diz um testemunho daquela época: "Sem saber, Bergoglio era levado a um nível mais profundo de espiritualidade que, nos anos seguintes, reforçaria a sua liderança. Enquanto todos ao redor consideravam que o padre expiava suas culpas, na verdade ele estava fazendo um mestrado como pastor de almas." Disse o próprio Bergoglio: "Um pastor, para mim, é isso: alguém que vai ao encontro do povo."

Isso o ajudou a elaborar a desafiadora questão de uma igreja "para os pobres". O tema tinha emergido com toda a força na renovação trazida pelo Concílio Vaticano II. Mas o que era esse mergulho no pobre?

> Disse Bergoglio: "Um pastor, para mim, é isso: alguém que vai ao encontro do povo."

Para tudo havia teorias. A "opção preferencial pelos pobres" proclamada pelo Vaticano era a própria matéria dos teólogos da Libertação. Mas em algumas dessas propostas era forte a influência do marxismo. Com o que não concordava Bergoglio: "Não se deve entender o pobre a partir de uma hermenêutica marxista. É preciso conhecê-lo a partir de uma hermenêutica extraída do próprio povo."

E assim ele se aproximou de um conceito que mudaria a sua vida, o da piedade popular. Para ele, o perigo de uma teologia "ideologizada" vai desaparecendo à medida que cresce a consciência do que é, de fato, a piedade popular.

É uma convicção que ele desenvolveu ao longo dos anos, e que corresponde a uma tomada de consciência da própria Igreja. Me lembro de dom Claudio Hummes chegando a Roma para o conclave que elegeu Bento XVI. Interrogado sobre o assunto, ele respondeu: "Teologia da Libertação? Tudo bem; mas sem confusão com o marxismo."

Educação, saúde, paz social são as urgências no Brasil. A Igreja tem uma palavra a dizer sobre estes temas, porque, para responder adequadamente a esses desafios, não são suficentes soluções meramente técnicas, mas é preciso ter uma visão subjacente do homem, da sua liberdade, do seu valor, da sua abertura ao transcendente.

Papa Francisco

Não se cansem de trabalhar por um mundo mais justo e mais solidário! Ninguém pode permanecer insensível às desigualdades que ainda existem no mundo!

Papa Francisco

Papa Bento XVI em sua primeira missa no Vaticano. *24 de abril de 2005*

Bento XVI na véspera de encerrar o seu papado, aos 85 anos. *27 de fevereiro de 2013.* »» *Ao lado:* Cardeais reunidos na Capela Sistina dão início ao conclave que elegerá o novo papa. *12 de março de 2013*

Embaixo de chuva, no anoitecer do segundo dia de conclave, 10 mil fiéis reunidos na praça de São Pedro aguardam a fumaça branca ser expelida pela chaminé da Capela Sistina. *13 de março*

Logo depois, Jorge Mario Bergoglio, o primeiro papa Francisco da história, acena do balcão da basílica de São Pedro: "Foram me buscar no fim do mundo."

Papa Francisco em seu primeiro dia no Rio de Janeiro para participar da Jornada Mundial da Juventude. *22 de julho de 2013*

Na cerimônia de boas-vindas, no palácio Guanabara, sede do governo do estado do Rio de Janeiro: "A juventude é a janela pela qual o futuro entra no mundo."

Em sua primeira missa no país, na basílica de Nossa Senhora Aparecida (em Aparecida, SP), Francisco consagra seu papado à santa padroeira do Brasil. *24 de julho*

No mesmo dia, de volta ao Rio de Janeiro, na visita ao hospital de São Francisco de Assis, o papa junto à imagem do santo que inspirou seu nome.

Francisco, o papa do povo, ganha o abraço de um menino da comunidade de Varginha, em Manguinhos: "Queria bater em cada porta, dizer 'bom dia', pedir um copo de água fresca, beber um cafezinho..." *25 de julho*

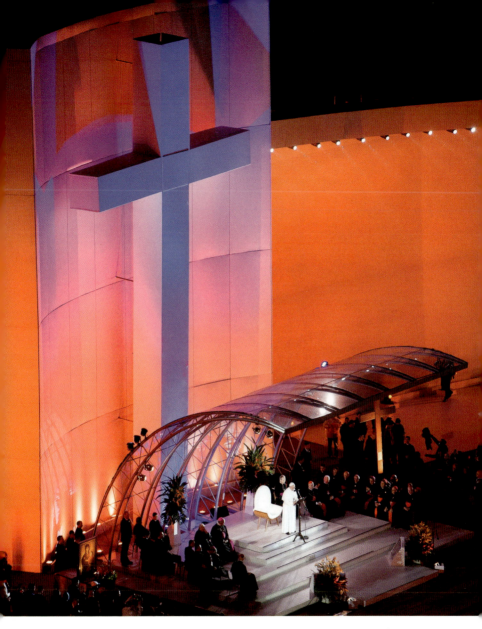

Em Copacabana, na cerimônia de acolhida aos jovens: "Vejo em vocês a beleza do rosto jovem de Cristo e meu coração se enche de alegria!"

Na chegada à catedral de São Sebastião, no centro da cidade, é saudado pelos bispos, padres e seminaristas. *27 de julho*

"Desejo dizer-lhes qual é a consequência que espero da Jornada da Juventude: espero que façam barulho. Aqui, no Rio, farão barulho, farão certamente. Mas eu quero que se façam ouvir também nas dioceses, quero que saiam, quero que a Igreja saia pelas estradas...", diz o papa em seu pronunciamento na catedral.

Praia de Copacabana em dois momentos do dia, completamente tomada pela multidão que aguarda a missa final do papa Francisco no Brasil fechando a Jornada Mundial da Juventude: "A Igreja precisa de vocês, do entusiasmo, da criatividade e da alegria que lhes caracterizam!" *28 de julho*

"O novo papa é a mais improvável das surpresas – um homem comum (ou que parece comum) instalado na chefia da mais antiga e misteriosa instituição da Terra. Ele, sozinho, é um cânone." *Luiz Paulo Horta*

29 de julho de 2013

Adeus à Jornada

Que houve problemas de organização, todo mundo sabe. Mas, na minha cabeça, vão ficar da Jornada algumas imagens inesquecíveis. O que pode ser mais bonito: o papa acossado pelas mães que lhe levavam crianças para serem beijadas, ou os bandos de jovens, com suas bandeiras, caminhando pelas praias do Rio com um excesso de alegria transbordando pelo rosto? Ou a imagem final de Copacabana, coberta de gente, num dia em que o Rio mostrava toda a sua cenografia deslumbrante? Eram retratos de um possível paraíso terrestre que, para mim, deixaram na sombra os transtornos materiais. Aliás, a ideia da peregrinação não é exatamente a dos confortos prosaicos.

> Não diziam que a Igreja estava se acabando, vergada ao peso de escândalos? Ela parecia bem viva nesses últimos dias.

Mas, Jesus Cristo, de onde veio tanto entusiasmo? Não diziam que a Igreja estava se acabando, vergada ao peso de escândalos? Ela parecia bem viva, nesses últimos dias.

Mas não cabe, aqui, o menor triunfalismo – que seria, aliás, o próprio oposto do papa Francisco. Assistimos, nesses dias, a muitos milagres, e rivalidades de crença pareciam muito longe do cenário. Ontem, em Copacabana, uma faixa dizia: "Papa Francisco, sou evangélico mas te amo!" O padre, bispo e cardeal Bergoglio, por toda a vida, foi um praticante do ecumenismo. Ele sabe que o mundo de hoje é pluralista, complexo, inseguro de si mesmo, e que ninguém está à espera de uma cruzada.

Mas ele quer os jovens na rua – isso ele disse com todas as letras. Usou uma forma trinária que me lembrou demais o grande Alceu Amoroso Lima: "Ide, sem medo, para servir."

> Em Copacabana uma faixa dizia: "Papa Francisco, sou evangélico mas te amo!"

É todo o Bergoglio que está nessas palavras. "Ide": sair de si, do bem-bom caseiro, abrir o coração para os mistérios da vida, reservar um espaço para o "outro" que está do seu lado, que pode parecer um chato, mas sempre tem algo de bom. Ele poderia citar o famoso rabino Nachman de Bratislava (século XVIII), que dizia: "Devemos julgar os outros favoravelmente. Mesmo se alguém é completamente mau, devemos procurar o pedacinho de bem que está nele. Nesse pedacinho de bem, aquela pessoa não é má." Continuava o rabino: "Se, naquela pessoa, você encontra esse pedacinho de bem, e a julga favoravelmente, você a faz passar do lado da culpa para o lado do mérito." E concluía: "Devemos aplicar essa técnica a nós mesmos. Uma pessoa deve trabalhar muito a sério para estar sempre alegre, e para fugir da depressão." Não é isso puro Bergoglio? Não foi o Cristo quem disse: "Não julgueis para não serdes julgados"?

Acho que parte da mágica que intuímos esses dias, como um sopro de luz e de vida, vem da passagem (ou da proximidade) de um mestre espiritual. Sim, Bergoglio é simpático, um paizão. Mas, reparem, ele não ri o tempo todo, ele não faz gestos teatrais. Onde é que você já viu manter três milhões de pessoas, como ontem, silenciosas durante cinco minutos, porque ele pediu um tempo de oração? O demagogo

> Parte da mágica que intuímos esses dias vem da proximidade de um mestre espiritual.

não faz isso, não quer que as pessoas pensem por si mesmas, quer exercer uma espécie de hipnotismo barato.

O papa Francisco quer que você pense, que você medite sobre esse tesouro inesgotável que é a tradição cristã. Da

Virgem Maria, de quem é devoto, ele pede a graça de "guardar essas coisas no seu coração".

Ele quer que os jovens rezem – e que depois vão para a rua, inclusive para renovar a política. Não é uma religião de portas fechadas, de caráter sectário. É uma religião aberta para o mundo – mas que, do encontro com o Cristo, extrai a sua identidade.

> Francisco quer que os jovens rezem, e que depois vão para a rua, inclusive para renovar a política.

Ele sabe em que mundo estamos vivendo. Mas sabe que o desejo da transcendência mora no coração do homem, insatisfeito numa cultura que só oferece o material e o sensório.

Ao mesmo tempo, ele faz a dicotomia "transcendência mais encarnação". O cristão recebe a visita do infinito; mas enquanto há vida, estamos acampados nessa terrinha, cercados de gente que pede justiça, pão e liberdade.

E aqui é preciso relembrar o lema trinário do papa Bergoglio: "Ide, sem medo, para servir." É o que ele tem feito a vida toda, e pode fazer para toda a Igreja.

> Cristo 'bota fé' nos jovens e confia-lhes o futuro de sua própria causa: 'Ide, fazei discípulos.' ... Também os jovens 'botam fé' em Cristo.

Papa Francisco

> Desejo dizer-lhes qual é a consequência que eu espero da Jornada da Juventude: espero que façam barulho. ... As paróquias, as escolas, as instituições são feitas para sair; se não o fizerem, tornam-se uma ONG e a Igreja não pode ser uma ONG.

Papa Francisco

30 de julho de 2013

É no presente que se joga a eternidade

Uma das consequências da visita do papa Francisco ao Rio de Janeiro foi trazer à memória o simples fato de que o Brasil é o maior país católico do mundo. Parte do entusiasmo, do quase delírio que cercou essa visita vinha de uma cultura embebida em raízes cristãs. Isto se refere sobretudo à piedade popular, um dos temas preferidos de Francisco, traduzido em fenômenos como as devoções de Aparecida.

> O catolicismo é tão antigo no Brasil que acabou confundindo-se com a própria estrutura da sociedade.

Partindo do fato de que a visita foi um sucesso, a pergunta é: de que maneira ela poderá afetar a realidade do catolicismo no Brasil, que, como se sabe, perde terreno para as correntes evangélicas?

A resposta depende de uma mudança profunda, que pode ou não acontecer. O catolicismo é tão antigo no Brasil que acabou confundindo-se com a própria estrutura da sociedade.

> É o papa que diz: "Quem sou eu para julgar os gays?"

A vida católica, para uma parte dos 80 ou 90% de brasileiros que se declaravam católicos, era uma coleção de ritos: batismo, crisma, primeira comunhão (com a regulamentar roupinha branca), casamento, bodas disso, bodas daquilo, e, finalmente, os ritos mortuários, sobretudo a missa de sétimo dia, em que a família dá à sociedade uma última satisfação.

Não há nada de errado com isso – ritos estão entranhados no cotidiano de todas as civilizações conhecidas e cumprem funções insubstituíveis. O problema é você ficar só nisso, e achar que já está bom.

Por essa brecha entraram as correntes evangélicas, que, por serem mais novas, são mais informais e mais calorosas. Elas oferecem aos seus seguidores diferentes formas de vida comunitária, promovendo muitos encontros, organizando atividades (e, claro, pedindo uma colaboração financeira).

É esse quadro que o papa Francisco deseja mudar – e, em tese, ele tem condições para isso. Nesses dias de Brasil, ele se revelou um comunicador incomparável, capaz de dizer coisas profundas na linguagem mais simples. E o que ele propõe é quase uma volta às origens da Igreja. A volta a uma comunidade autêntica, reunida em torno de uma vida sacramental que significa reviver o mistério do Cristo.

Isso implica o contato direto e constante entre as pessoas. Daí se chega até o papamóvel sem vidros. Como ele disse aos jornalistas, em seu voo de retorno a Roma: "Por ter menos segurança, eu pude estar com as pessoas, abraçá-las, saudá-las, sem carros blindados. Sempre existe o perigo de que um louco faça alguma coisa, mas a verdadeira loucura é criar um espaço blindado entre o bispo e o povo. Prefiro o risco a essa loucura."

Todo o Bergoglio está nessa colocação. Ele é o pastor que vai em busca da ovelha perdida onde ela estiver. É o pai que acolhe o filho pródigo com uma festa. É o papa que diz: "A Igreja deve ser a facilitadora da fé, e não o contrário." É o papa que diz: "Quem sou eu para julgar os gays?"

E nessa coleção de posturas ele é, acima de tudo, o homem do Encontro. Encontro como troca de vida. Encontro que não divide as pessoas em amigos e inimigos, como gostam de fazer alguns regimes políticos. Neste sentido, ele é o homem do futuro. Mas não gosta que digam isso. Porque ele sabe que no presente é que se joga a eternidade.

> Ele é o homem do Encontro, o homem do futuro, mas não gosta que digam isso. Porque ele sabe que no presente é que se joga a eternidade.

"E atenção! A juventude é a janela pela qual o futuro entra no mundo."

Papa Francisco

"O hoje é o que mais se parece com a eternidade; mais ainda: o hoje é uma centelha de eternidade. No hoje, se joga a vida eterna."

Papa Francisco

Carta a Luiz Paulo

Meu irmão Luiz Paulo,

Preferia não lhe escrever. E por motivos claros.

Primeiro porque apreciamos o sutra da perfeita sabedoria, mais eloquente, mais luminoso, porque todo plasmado de silêncio, que é a linguagem das coisas mais profundas. E de seus afetos.

Depois, preciso confessar, porque fiquei zangado com você, Luiz Paulo, muito zangado. Com a sua saída. Fora do script. Sem roteiro. O futuro nos daria uma comprida amizade, como as escadarias do Bonfim, lavadas e renascidas. Futuro que, como você bem sabe, dura muito tempo.

Você leu tantas páginas de Francisco de Assis e Iacopone da Todi, para os quais o tempo se traduz numa poética rebeldia. Digamos: uma fuga interminável de Bach, esse mesmo Bach, com quem você tomava café da manhã, para discutir o contraponto em Pixinguinha.

Conversamos, na véspera de sua partida, sobre o projeto e o desenho deste do papa Francisco, seu irmão gêmeo, em

João XXIII, que você tanto amou, porque ecumênico, minucioso e flexível, pedra e nuvem, na defesa de valores laicos. Mas um laicismo sereno, jamais agressivo. O livro saiu, Luiz Paulo, com aqueles artigos em chamas, com tanto de poesia e de inteligência.

Os mais comovidos e trepidantes, que você jamais escreveu.

Nossa penúltima conversa foi ao piano, no auditório Magalhães Júnior, da ABL. Affonso Arinos é testemunha. No final da apresentação de Odete Ernest Dias. O público havia saído e o piano, solitário, nos convidava a um improviso, a quatro mãos. Era preciso abrir mais essa frente de amizade. Você tocou "Mon coeur s'ouvre à ta voix", com um rigor alternado de forte e piano, com um transporte feliz, contido, e portanto, quase sem notas, sem pianismos ou inflação de efeitos, com um lirismo todo seu, entregue, concentrado, o sorriso quase recolhido, luminoso, ainda, como o sol das cinco e meia da tarde. Seu amigo respondeu com uma sinfonia de Rossini transcrita para piano. E compreendemos que nosso diálogo abria caminhos dentro do sutra perfeito. Com o silêncio das notas. O piano. O abismo. Terá sido aquela, nossa conversa mais clara e perfeita?

Luiz Paulo, amo seu espírito desarmado, seu desinteresse em administrar a posteridade de sua obra, amo a alta firmeza de caráter, sem gestos bruscos, sem proclamar as próprias virtudes, amo, acima de tudo, o pacto de uma quase invisibilidade, tímido e discreto, sempre, em tudo, de olhos fitos em Beatriz. Nisto seus cálculos falharam: a invisibilidade foi derrotada. Vimos tudo, com a filosofia cardíaca dos sufis, dos quais você também era íntimo.

Luiz Paulo, meu irmão. Imagino sua indagação ao vivo diante de questões obscuras da exegese bíblica. E o Patriarca, em pessoa, a dizer-lhe que você pode entrar, sem pedir licença, fruto de seu permanente irenismo, construtor da paz e do diálogo, na cultura da hospitalidade e no mistério do Rosto, desde a tradição judaica de Martin Buber ou Lévinas.

Creio que antes de Leonardo Boff, você adivinhou o rosto materno de Deus, porque o feminino constitui seu modo de ver e sentir.

Querido amigo: uso o presente porque agora tudo é presente, e direi como um poeta:

Luiz, "peço que até reconhecer a primeira paragem
do infinito, diante de seus olhos, seja áspero com os
primeiros ventos solares que saíam ao seu encontro".

Só então, no Rosto e na Misericórdia que sempre iluminaram sua vida, um sentido mais profundo, de que todos sentimos, agora, feridos de ausência.

Marco Lucchesi
Niterói, 28 de agosto de 2013

Cronologia de eventos

19 de abril de 2005
É escolhido o novo papa, Joseph Ratzinger, Bento XVI, após a morte de João Paulo II.

11 de fevereiro de 2013
Papa Bento XVI, aos 85 anos, anuncia sua renúncia durante encontro de cardeais no Vaticano.

13 de fevereiro
Na última grande missa na basílica de São Pedro, Bento XVI denuncia "os golpes desferidos contra a unidade da Igreja" e "as divisões no corpo eclesiástico".

17 de fevereiro
Bento XVI pede orações da multidão em frente à praça de São Pedro, para si e para o futuro papa, e faz um apelo para que a Igreja se "reoriente e se renove".

28 de fevereiro
Bento XVI encerra seu pontificado e se torna papa emérito.

4 de março

Primeira reunião preparatória do conclave para a escolha do novo papa.

5 de março

Fechamento da Capela Sistina para preparação do conclave. Os 115 cardeais eleitores escolherão neste local o novo papa, em processo totalmente sigiloso.

8 de março

No quinto dia de congregações, os cardeais decidem que o conclave começará no dia 12 de março de 2013.

13 de março

No segundo dia de conclave e após cinco rodadas de votação, o cardeal argentino Jorge Mario Bergoglio, arcebispo de Buenos Aires, é eleito o novo pontífice da Igreja católica. Ele escolhe chamar-se Francisco, pela primeira vez na história.

5 de julho

O Vaticano publica a primeira encíclica escrita a quatro mãos na história da Igreja. A *Lumen fidei* começou a ser escrita por Bento XVI, antes de sua renúncia, e foi finalizada pelo papa Francisco.

22 de julho

Papa Francisco chega ao Brasil, em sua primeira viagem internacional, para participar da Jornada Mundial da Juventude, no Rio de Janeiro. Milhares de pessoas acompanham o trajeto do papa do aeroporto ao centro da cidade.

23 de julho

Cerimônia de abertura da Jornada Mundial da Juventude reúne 400 mil pessoas em Copacabana.

24 de julho

Papa Francisco celebra sua primeira missa no Brasil, na basílica de Nossa Senhora Aparecida, em Aparecida, São Paulo, e visita o hospital de São Francisco de Assis no Rio de Janeiro.

25 de julho

Papa Francisco visita a comunidade de Varginha em Manguinhos, encontra-se com jovens peregrinos argentinos e vai a Copacabana para a cerimônia de acolhida aos jovens.

26 de julho

No quinto dia de sua visita ao Brasil, o papa Francisco faz a oração do Ângelus no balcão do palácio São Joaquim, residência do arcebispo do Rio de Janeiro, recebe a visita de jovens infratores e, durante encontro na Quinta da Boa Vista, ouve a confissão de peregrinos. Com mais de 1,5 milhão de pessoas presentes, assiste à encenação da Via-Sacra na orla de Copacabana. Ao final, pronuncia-se sobre a Cruz de Cristo.

27 de julho

No sábado, reza uma missa na catedral de São Sebastião com a presença de bispos, sacerdotes e seminaristas da Jornada Mundial da Juventude. Encontra-se com representantes da sociedade civil no Theatro Municipal do Rio de Janeiro e almoça com cardeais e membros da Conferência Nacional dos Bispos do Brasil (CNBB). Ao fim do dia, junta-se a uma multidão de 3 milhões de pessoas em vigília na praia de Copacabana. Em seu discurso, defende um Estado laico, pede paz nos protestos e clama para que jovens saiam às ruas.

28 de julho

Missa final do papa Francisco na praia de Copacabana. A homilia é ouvida por mais de 3 milhões de fiéis. Após reunir-se com bispos na residência do Sumaré e agradecer aos voluntários da Jornada em encontro no Riocentro, papa Francisco se despede do Brasil, com um último discurso em cerimônia na Base Aérea do Galeão: "Parto com a alma cheia de recordações felizes."

14 de agosto de 1943 – 3 de agosto de 2013

Sobre o autor

Luiz Paulo Horta (1943-2013), jornalista e escritor, ocupou a cadeira n.23 da Academia Brasileira de Letras desde 2003, cujo primeiro ocupante foi Machado de Assis, e foi membro da Academia Brasileira de Música, da Academia Brasileira de Artes e da Comissão Cultural da Arquidiocese do Rio de Janeiro. Um dos maiores especialistas em teologia da imprensa brasileira, presidiu o Centro Dom Vital, núcleo de pensamento católico, e ministrou cursos sobre a Bíblia na PUC-Rio. Por quase três décadas escreveu no jornal *O Globo* artigos, editoriais e críticas de música clássica, funções estas que antes também exerceu, durante vinte anos, no *Jornal do Brasil*. Publicou pela Zahar diversos livros: *Caderno de música* (1983); *Villa-Lobos: uma introdução* (1987); *Música clássica em CD: guia para uma discoteca básica* (1997); *A música das esferas: crônica dos anos 90* (1999); *Sete noites com os clássicos* (1999) e *A Bíblia: um diário de leitura* (2011); além de ter colaborado na edição do *Dicionário Zahar de música* (1985), do *Guia do ouvinte de música clássica* (1988) e do *Dicionário Grove de música* (1994).

Créditos das imagens

1. Papa Bento XVI em sua primeira missa no Vaticano. Patrick Hertzog/AFP/Getty Images
2. Bento XVI na véspera de encerrar o seu papado, aos 85 anos. Guido Marzilla/Gamma-Rapho via Getty Images
3. Cardeais reunidos na Capela Sistina dão início ao conclave que elegerá o novo papa. AFP/Getty Images
4. Embaixo de chuva, no anoitecer do segundo dia de conclave, 10 mil fiéis reunidos na praça de São Pedro aguardam a fumaça branca ser expelida pela chaminé da Capela Sistina. Tiziana Fabi, Tiziana Fabi/AFP/Getty Images
5. Logo depois, Jorge Mario Bergoglio, o primeiro papa Francisco da história, acena do balcão da basílica de São Pedro: "Foram me buscar no fim do mundo." Vincenzo Pinto/AFP/Getty Images
6. Papa Francisco em seu primeiro dia no Rio de Janeiro para participar da Jornada Mundial da Juventude. Mario Tama/Getty Images
7. Na cerimônia de boas-vindas, no palácio Guanabara, sede do governo do estado do Rio de Janeiro: "A juventude é a jane-

la pela qual o futuro entra no mundo." Vanderlei Almeida/ AFP/Getty Images

8. Em sua primeira missa no país, na basílica de Nossa Senhora Aparecida (em Aparecida, SP), Francisco consagra seu papado à santa padroeira do Brasil. Buda Mendes/Getty Images

9. No mesmo dia, de volta ao Rio de Janeiro, na visita ao hospital de São Francisco de Assis, o papa junto à imagem do santo que inspirou seu nome. Tasso Marcelo/AFP/Getty Images

10. Francisco, o papa do povo, ganha o abraço de um menino da comunidade de Varginha, em Manguinhos: "Queria bater em cada porta, dizer 'bom dia', pedir um copo de água fresca, beber um cafezinho..." Yasuyoshi Chiba/AFP/Getty Images

11. Em Copacabana, na cerimônia de acolhida aos jovens: "Vejo em vocês a beleza do rosto jovem de Cristo e meu coração se enche de alegria!" Buda Mendes/Getty Images

12. Na chegada à catedral de São Sebastião, no centro da cidade, é saudado pelos bispos, padres e seminaristas. Gabriel Bouys/AFP/Getty Images

13. "Desejo dizer-lhes qual é a consequência que espero da Jornada da Juventude: espero que façam barulho. Aqui, no Rio, farão barulho, farão certamente. Mas eu quero que se façam ouvir também nas dioceses, quero que saiam, quero que a Igreja saia pelas estradas...", diz o papa em seu pronunciamento na catedral. Nelson Almeida/AFP/Getty Images

14 e 15. Praia de Copacabana em dois momentos do dia, completamente tomada pela multidão que aguarda a missa final do papa Francisco no Brasil fechando a Jornada Mundial da Juventude: "A Igreja precisa de vocês, do entusiasmo, da criatividade e da alegria que lhes caracterizam!" Mario Tama/ Getty Images; Tasso Marcelo/AFP/Getty Images

16. "O novo papa é a mais improvável das surpresas – um homem comum (ou que parece comum) instalado na chefia da mais antiga e misteriosa instituição da Terra. Ele, sozinho, é um cânone." *Luiz Paulo Horta.* Yasuyoshi Chiba /AFP/Getty Images

O retrato de Luiz Paulo Horta, na p.114, foi gentilmente cedido para este livro pela fotógrafa Ana Branco/Agência O Globo.

A marca FSC é a garantia de que a madeira utilizada na fabricação
do papel deste livro provém de florestas de origem controlada
e que foram gerenciadas de maneira ambientalmente correta,
socialmente justa e economicamente viável.

Este livro foi composto por Mari Taboada
em Cochin e Perpetua 12,5 / 17,8 e impresso em
papel offwhite 80g/m² e couché matte 150g/m²
por Geográfica Editora em novembro de 2013.